邹逸麟先生遗著两种

杨伟兵　段伟　整理

復旦大學出版社

邹逸麟先生（1935—2020）

邹逸麟，复旦大学首席教授，著名历史地理学家和历史学家，第八、九、十届全国政协委员，国务院学位委员会第三、四届历史学科评议组成员，上海市文史研究馆馆员。1935年8月31日生于上海，1956年毕业于山东大学历史学系，同年秋分配至中国科学院历史研究所工作。1957年随谭其骧先生回上海参加《中国历史地图集》编纂工作。历任复旦大学中国历史地理研究所所长、复旦大学历史学博士后流动站站长、中国地理学会历史地理专业委员会主任、《历史地理》主编、中国地方志指导小组成员、上海市地方史志学会会长、《辞海》副主编。曾任中国民主同盟中央委员会委员、中国民主同盟上海市委员会副主委。2001年获上海市育才奖。2016年获上海市第十三届哲学社会科学优秀成果奖学术贡献奖。2020年6月19日逝世。

《历史上黄河河道变迁》手稿

黄河是我国第二条大河，它从青海高原的约古宗列渠发源，流经青海、四川、甘肃、宁夏、内蒙古、山西、陕西、河南、山东九个省区，干流全长为5,464公里，流域面积为752,443公里（地理知识1974年五期）。由于黄河的中上游流经水土流失严重的黄土高原，每年给下游带来了大量的泥沙，使黄河成为世界上含沙量最大的河流。这些泥沙随着水流在下游河床上淤积起来，日积月累，抬高河床，每逢汛期就有决口泛滥的危险。据史料记载，在解放前的三四千年间，黄河下游的决口泛滥达一千五百余次，较大的改道就有二十一次。水灾波及的范围，北至天津、南达江苏、安徽，纵横二十五万平方公里，人民生命财产的损失不计其数。因而历史上黄河成为一条以"善淤、善决、善徙"闻名的害河。

黄河流域是中华民族的摇篮。黄河中下游地区在相当长的时期内是我国政治和经济的中心。几千年黄河的变迁，不断地威胁和破坏着中下游地区人民的生命和财产的安全。北至天津、南至淮河的华北大平原上几乎没有一条河流不经过黄水的流经，没有一个湖泊，不受过黄河泥沙的沉淤，黄河的泛滥对华

《历史上黄河河道变迁》手稿

（一）中上游河道变迁

一、银川平原段河道的变迁。黄河从宁夏青铜峡经石嘴山，沿岸为狭长的银川平原，是贺兰山和鄂尔多斯高原之间的凹陷地带。河道流到这里，地势自西南向东北倾斜，坡度平坦，支岔分歧，流速缓减，泥沙易于沉淀。至迟在西汉时代，劳动人民已在这片平原上开凿沟渠，引河水溉田（《汉书·地理志》安定郡）。① ~~秦汉以来，大量内地人民迁居这一带，在这里开渠引黄灌田，发展农业。目前河东平原著名秦渠，相传为秦时所修，反映了这里农田灌溉事业的悠久历史。~~此后历代人民不断兴修改筑，形成了渠道交错的局面。这些河渠的两岸土质疏松，坍塌现象严重，故而每至汛期洪水暴涨，洪水奔放入渠，经常泛滥成灾。沿岸的两岸地区，日被冲刷，下成深坑，常易崩塌，久而扩大至沿岸村庄、大片土地，沦为泽国，"甚至河道变迁，为害愈烈"（《宁夏水利专刊》）。

历史时期这一段黄河由于狭长平原及渠道众多等原因，呈现出干流东西摆动的变化。北魏时代的薄骨律镇和灵州都在今灵武县西南十二里。据《水经注》记载，这个古城在"河渚上"，《元和志》亦说因为"州在河渚之中，水上下未尝陷没，故号灵州"。可见当时的灵州在古黄河中的沙洲上，古黄河道应在今河之东、灵武县西南十二里处流过。到了唐代，灵州的附郭迴乐县"枕黄河"（元和志），古代的

① 史记河渠书载汉武帝塞瓠子以后，"用事者争言水利，朔方西河、河西、酒泉皆引河及川谷以溉田"。西河郡地包有此段黄河。[illegible]陕峡谷地带，不可能引河溉田。汉书地理志安定郡眴卷下："河水别出为河沟，东至富平北入河"。水经河水注："河水枝津受大河于北地富平城所在分为二，以溉田圃，北流入河"。"元和志"："汉渠在灵武县南五十里"。按今有秦渠，[illegible]传为秦时所开，不可信。据一说若此渠系秦家渠，传元昊元初所开。宋史夏国传[illegible]此地古渠，[illegible]有汉唐，不及以前。

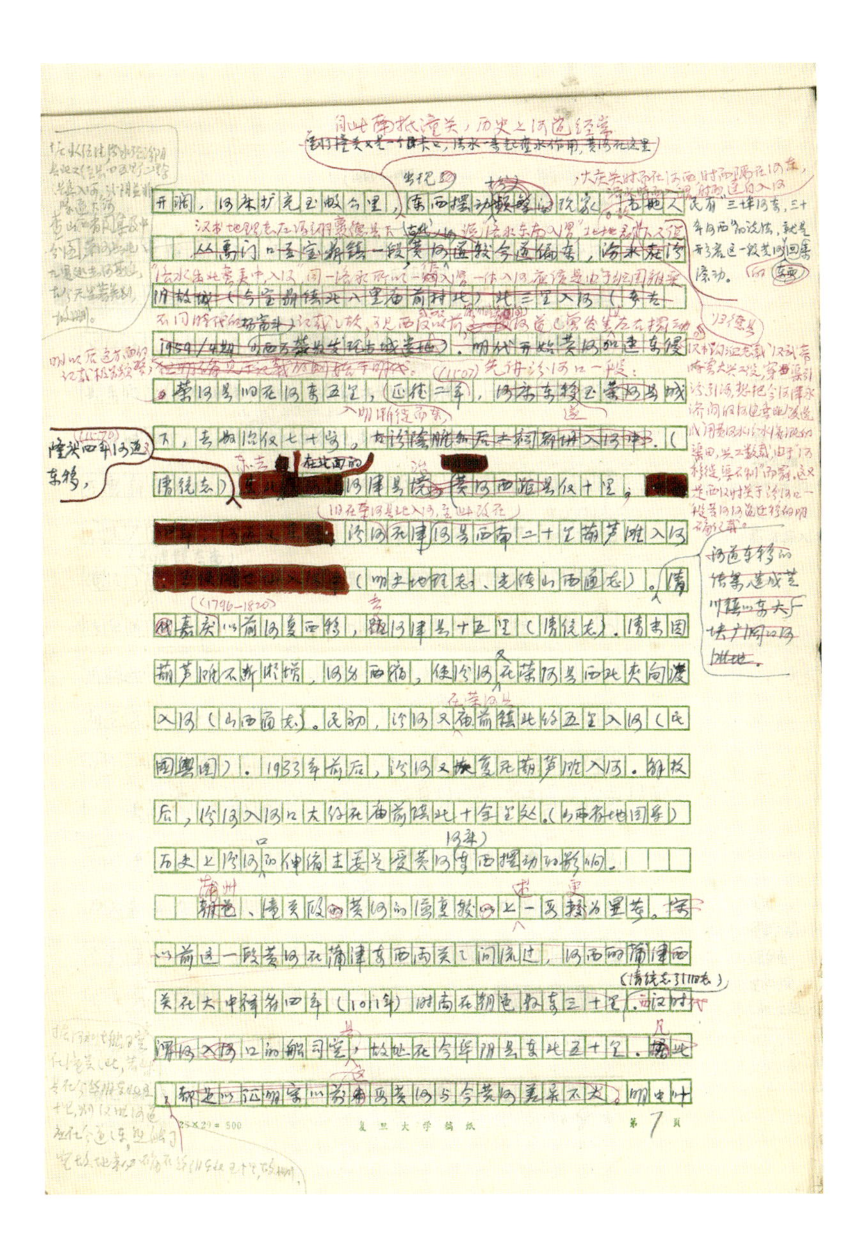

《历史上黄河河道变迁》手稿

二、武陟荣阳以下黄河下游的大改道。一般所谓黄河变迁，主要是指黄河下游在华北平原上的变迁和改道。早在殷周时代，黄河流域的人口还很稀少，中上游地区植被保持较好，水土流失程度轻微，人为因素对黄河变迁的关系较小。同时由于地广人稀，人们可避居于比较高阜的地区，黄河的自然泛滥，对人们生活的影响不大。春秋战国以来，黄河流域的人类活动逐渐频繁，包括战争、无计划的垦植以及对黄河施加种种不合理的人为影响，使黄河中上地区植被破坏，水土流失，大量泥沙在下游河床上沉积下来，河床不断抬高，一遇洪汛就决溢成灾。在三四千年历史中，在下游的决溢改道有千余次之多，其中较大的改道就有二十一次。

这里所谓较大的改道，是指黄河决口以后，河线的变化较大，主流形成一条或数条固定的河道，同时这些固定的河道稳定了一段较长的时间，并对以后黄河的变迁有着一定的影响。至于改道时较久但河段变化不大，或河段变化较大而流经时间极短，经过人工堵口后回复故道的变迁，以及决口后泛滥了大片土地，但始终未形成固定河道，过了一段时间又恢复故道的，都不作为较大的改道。

以下即对历史时期黄河二十一次较大的改道，按入海的方向，分为几个时期来叙述，对那些虽然不计为较大的改道，但仍不失比较重要的决口和变迁，分附述于后。

（一）从有历史记载至公元11年以前为黄河从渤海湾西岸入海时期。在这一千几百年历史里，春秋以前关于黄河的记载缺乏。从零星的资料里只知道齐国的疆域"西至于河"，晋地东止于今宁晋大陆泽一带，齐晋之间有数百里空无城邑的地区，应该就是当时大河泛滥的地区，黄河由此北流至渤海湾西岸入海。（注）战国时代记载较为详细，人为决溢有四次，西汉时期黄河决溢九次，共十四次，前后大的改道就有三次。

大禹治水的传说，应该是我国古代劳动人民与洪水作英勇斗争事迹的反映。上古时代，黄河可能还没有固定的河槽，洪水到处横流，传说大禹治水，大概是顺着地势，将漫无边际的洪流，导入洼地、湖泊以及原有的河流里去，然后分成数条洪道，流入大海，使黄河有了固定的河槽。我国古籍里记载最古的大河有两条，一条是《山海经》里的大河，一条是《禹贡》里的大河。这两条大

（注）左传僖公四年管子言齐地"东至于海、西至于河，南至于穆陵、北至于无棣"。不言南至于河或北至于河而言西至于河，可见其时黄河流径，虽未可详知，要之必在渤海湾西岸入海。盖若在渤海湾南岸今山东境入海，则其北境势不得逾河而至于无棣；若在今江苏境注入黄海，则其上游必不得在齐之西境。春秋晋地见于记载者东止于东阳，约当今之宁晋间大陆泽一带。齐地西至于河，即今莘县、清丰、高唐一带。齐晋间数百里地皆无城邑，当为大河泛滥的地区。

公元前602年，即春秋中期周定王五年，黄河在宿胥口（今河南浚县西南淇河、卫河合流处）改道，折而东行，为古大河下游最大的一条分支漯水河道，流经今滑县之北、浚县之南，折北经今濮阳县西、内黄县东，至南乐县西与漯水分流，经大名、馆陶之东，折而东流至高唐东南，又折而北流经今德州市东，大体走今南运河道，流至今沧州市西，循今捷地减河，在汉章武县（今黄骅县西南）北注入海。这是黄河在历史记载中的第二次大改道。这条河道稳定了大约四百多年，

进入西汉时期后，黄河决口泛滥的次数显著地增加起来。

西汉时期二百年内，仅见于记载的决口泛滥就有九次，每次决口所造成的损失愈来愈严重。文帝十二年（公元前163年）河水在东郡酸枣（今河南延津县西）决口，冲溃了这一带的金堤，动员了东郡大批民工才把决口堵住（文帝纪、汉书沟洫志）。事过不到三十年，武帝建元三年（公元前136）河水又在下游平原郡（今山东北部）泛溢（武帝纪）。元光三年春（前132）河水徙从顿丘（今河南清丰县西南）东南流入渤海。（武帝纪）这条河道由于记载过于简略，所流经不明。过去都按胡渭的说法以为走漯水入海（人民黄河）。但从顿丘东南流，不可能注入漯水，流入渤海。这次决口虽然很快塞住了，但就在顿丘决口的同年五月

（四）从建炎二年（1128）至明万历六年（1578）为黄河岐支并存、迭为主次，汇淮入海时期。

建炎二年（1128）冬，宋王朝在河北山东地区节节败退之后，东京（开封）留守杜充决开黄河，"决黄河，自泗入淮"，企图利用黄河洪水阻止继续南下的金兵（《宋史·高宗纪》）。结果并没有能够挽救北宋灭亡的命运，却造成了黄河历史上第七次大改道。这年大河大改，使大河由东北入海改由东南入淮。此前大河旧道自汲县东流经李固渡（在今滑县西南沙店集南三里许），新道改由李固渡东经今东明、鄄城、菏泽、巨野一带入泗，由泗入淮。另有一股洪水决入梁山泊，由北清河分流入海（《郓城县志》）。这是黄河离开河北平原的开始。在以后的数十年中，"或决或塞，迁徙无定"（《金史·河渠志》），决口的地点逐渐西移，集中在滑城以西至阳武一带，洪水决口后几度泛滥于北至寿张、南至单县的鲁西南三角地带，馆陶、郓城、寿张等县城都曾被洪水打冲毁（《金史·地理志》）。大定八年（1168）六月，大河又在李固渡决口，冲出一道新河，淹没了曹州城（在今曹县西北六十里），新河夺全河十分之六，分流于今单县一带，下流经砀山、萧县，于徐州入泗汇淮，旧河只十分之四，出现了"两河分流"（《金史·河渠志·宗叙传》）的局面。当时金朝统治集团害怕治河，容易使南宋乘机北进，故未加治理，听任两河分流，仅在李固渡南面筑堤，以防洪水再度在此决口。这是黄河历史上第十一次大改道。

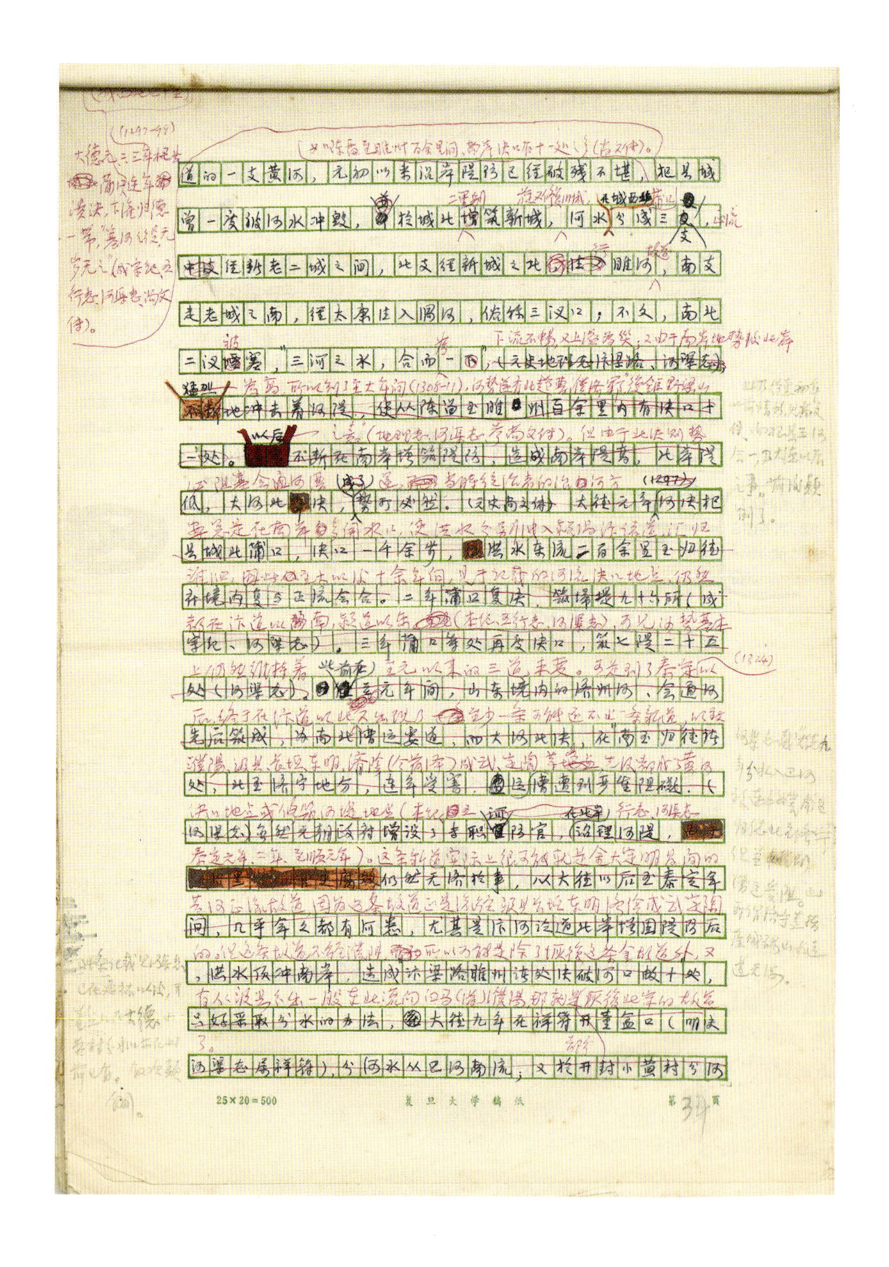

安阳是我国既有文字可据，又经考古证实的第一个古都殷墟的所在地。早在三千多年以前，商王盘庚十四年迁都此至商亡，传八代十二王，历时273年。商亡后殷都为墟。公元前七世纪春秋齐桓公时，在安阳北四十里处建邺。前五世纪战国初魏文侯曾都于此，以后魏文侯迁都他处，其地往返为邯郸所替代。东汉末为冀州治所。三世纪初曹操为魏公、魏王建都于邺，经他的经营，邺城又再度成为黄河中下游地区实际上政治、经济和文化中心，后世称为邺都。220年曹丕代汉，次年定都洛阳，邺为五都之一。晋惠帝八王之乱时，邺一度也曾成为黄河中下游地区实际上的政治中心。十六国时后赵、冉魏、前燕，北朝东魏、北齐相继都此，合计78年。北周时仍为相州、魏郡治所。自580年杨坚焚毁邺城，始此成为一片废墟后，渐为人们所遗忘。论建都开始的时间，安阳远比西安要早二百多年；论都建时历久暂，自殷算起，安阳的殷墟为商后期都城273年，市东北四十里邺城，自曹操起历十六国北朝为都城共95余年，合计370年，比开封、杭州要长得多。由此可见，近几十年来，把安阳摒于古都之外，是多么不合理。著名历史地理学家谭其骧教授首先将安阳与西安、洛阳、北京、开封、南京、杭州并列为我国古代七大古都之一。这个看法很快被学术界所接受。今天回顾一下安阳的历史，并展望它的未来，无疑是很有意义的。

78
17
95

273
95
168

龙山文化遗存主要是39座房子，绝大多数为圆形或不规则圆形的白灰面地面式建筑，直径一般为3.6～5米，中间有隆起的圆形灶面，说明当时人们已过着长期的定居生活，并形成了村落。据碳14测定，约为年代公元前2780—前2100年。商代遗存是一个不小的祭祀坑，内埋人骨73个个体。同时还发现不少青铜器和陶器，成堆的贝、谷物和烧焦的麻丝织物等。经考古鉴定，认为这是晚商时期一个祭祀坑，所埋死者为祭祀的人牲。①我们可以认为这里一直是一个原始人群居住的聚落，从仰韶文化时期开始就延续下来，到商代已有二千多年历史了。

此外，在安阳境内西南大正集老磨岗遗址发现有仰韶、早商和汉文化的堆积，鲍家营是单纯的仰韶文化遗址，大寒南岗是仰韶、河南龙山和西周文化相叠交的遗址，郭村西南台是商文化遗址。②与安阳接邻的有磁县下潘汪、界段营遗址，大体属于仰韶文化后岗类型。这些遗址为我们勾画了一幅史前时代安阳地区聚落的分布图。

原始人类遗址分布的推移，说明了安阳地区在经过了从旧石器时代至商周，人们从穴居到筑造地上建筑房屋、

① 以上参阅《中国大百科全书·考古卷》有关条目。

② 《安阳洹河流域几个遗址的试掘》，《考古》，1965年7期。

我国古代最早有确址可考的都城——殷墟

商朝起源于黄河下游地区，王都曾多次迁移。据史书记载，从始祖契至汤十四世中八次迁都①，成汤灭夏以后又有五迁，至盘庚才迁都于殷墟。商代历次所迁都城的确址，历史学家说法不一。就是已经发现的郑州商城、偃师商城，学术界也还没有定论。究竟商都哪一个城，[illegible]只有安阳市西北小屯村的殷墟，既有文献记载又经半个多世纪考古发掘证实为商代最后一个王都，获得国内外学术界的一致公认。

殷墟名称和地望，最早记载的文献是《竹书纪年》。其云："盘庚自奄迁于北蒙，曰殷墟。南去邺四十里（一作三十里）。"《史记·项羽本纪》载云："项羽乃与（章邯）期洹水南殷墟上。"但殷墟的确切位置则是本世纪才知道的。

上世纪末，安阳西北小屯村的农民将农田中翻掘出来的龟甲和牛肩胛骨作为"龙骨"出售给中药铺，后流传至京津一带，为在京的金石学家王懿荣所发现。王氏见龙骨上刻有篆文，知道是一批古物，于是以高价收购。同时收购的还有王襄、刘鹗等人，但他们都知道甲骨出土的确切地点。本世纪初，经罗振玉的调查，弄清了甲骨出土于安阳小屯，并去实地考察和发掘，收集了大批甲骨文，编印了《殷墟

① 王国维《说自契至于汤八迁》，《观堂集林》卷十二

② 《竹书纪年》、《尚书》、《史记·殷本纪》。

殷墟的畜牧业也十分发达，[illegible]马、牛、羊、犬、豕等，用来食用、祭祀和动力。

由于农业畜牧业的发展，也需要[illegible]历法。

定汉字约1700字。殷墟文字相当成熟，"六书"齐备，反映了商代政治中心的高度文化。从甲骨文中可以看出，当时已有很详细的天象记录。卜辞中关于日蚀、月蚀和星辰的记载，是世界上最早的天文学资料。由于商代的农业和畜牧业已经很发达，同时已产生(初步)完备的历法，知道一年分四时十二个月，月有大小，还知道有闰月，即古书上记载"以闰(月)定四时成岁"。从甲骨文记载看，在殷墟的商代医生已有丰富的关于人体的疾病医疗和药物知识。陶瓷制造技术更为完善，生产大量外形美观而坚硬实用的印纹硬陶。还有刻纹白陶[illegible]制造。这是我们陶瓷史上的创作。青铜器制造的技术达到[illegible]代表，在世界艺术史上占有重要地位。[illegible]出土的司母戊方鼎，重达875公斤，[illegible]妇好墓出土的偶方彝、四羊方尊等都是精美的艺术珍品。此外，玉雕、骨雕、漆器技术也达到很高的世界水平。反映了殷王朝后期都城聚集了大批具有高度文化技术的人材。

殷墟的农业、畜牧业、手工业的比较发达，为商业的发展提供了物质基础。殷墟"贝"在金文中出现"贝"字，甲骨文中也有"贝"字。大司空村发掘165座殷墓有83座有贝。在殷墟西区墓葬发掘出342有贝。妇好墓中有货贝7000枚

商代已有比较稳定的都城，都城殷墟周围已是一个发达的农业区。在殷墟宫殿区城内有王室贵族的大型墓葬[illegible]，四周有[illegible]作坊、铸铜作坊、骨器作坊，[illegible]出土的青铜器，甲骨文已有禾、黍、麦等字。[illegible]殷墟[illegible]一个农业都城。

晚商的青铜工业主要由王室和大贵族控制的，因而在王都附近集中了大量的作坊，成为当时青铜铸造的中心地区。

在殷墟商代已采用十进位，已有奇、偶数字，当时已具有一定数学知识。同时还有六十进位制，用于干支记时法，是古代最早的日历。

手工业已达到相当高的水平，并有了分工。

[illegible]铜贝三枚

後进行灌溉，民大受利。当时民歌曰："邺有贤令兮为史公，决漳水兮灌邺旁，终古舄卤兮生稻粱。"（《吕氏春秋·乐成》）左思《魏都赋》："西门溉其前，史起灌其后。"战国末年，赵悼襄王六年（前239），"魏与赵邺"（《赵世家》），邺地属赵。

另一个城市就是安阳。故址一说在今市西北，一说在东南四十三里，确址不详。过去传统说法均据《史记·秦本纪》记载，昭襄王五十年（前257），秦将王龁拔魏宁新中，改名安阳，是安阳得名的开始。近年有人認为《史记·赵世家》、《廉颇列传》记载赵惠文王二十四年（前275）"廉颇攻魏防陵、安阳"，即今天的安阳市。王龁攻宁新中为另一地，在今新乡、汲县之间（许顺湛《宁新中非今安阳考辨》，《安阳史志通讯》1986/3）。今虽尚无定论，但战国末年已有安阳出现，已无异议。当时今安阳都是河北平原南部两个重要城市，为赵、魏二国国界所在，邺属赵，安阳属魏。秦灭六国，邺属邯郸郡，安阳属河内郡。（秦时[illegible]）

漢初安阳废入荡阴，撤废的原因不详，可能与楚汉之际这一带发生战争有关。漢高帝时置魏郡治邺。西汉末年魏郡辖区广大，（境内有西汉大河、[illegible]、漳[illegible]水流经）领县十八，有户二十一万，口九十万，为冀州境内人口最多的一郡，河北南部漳洹河流域的政治中心又回到了邺城。

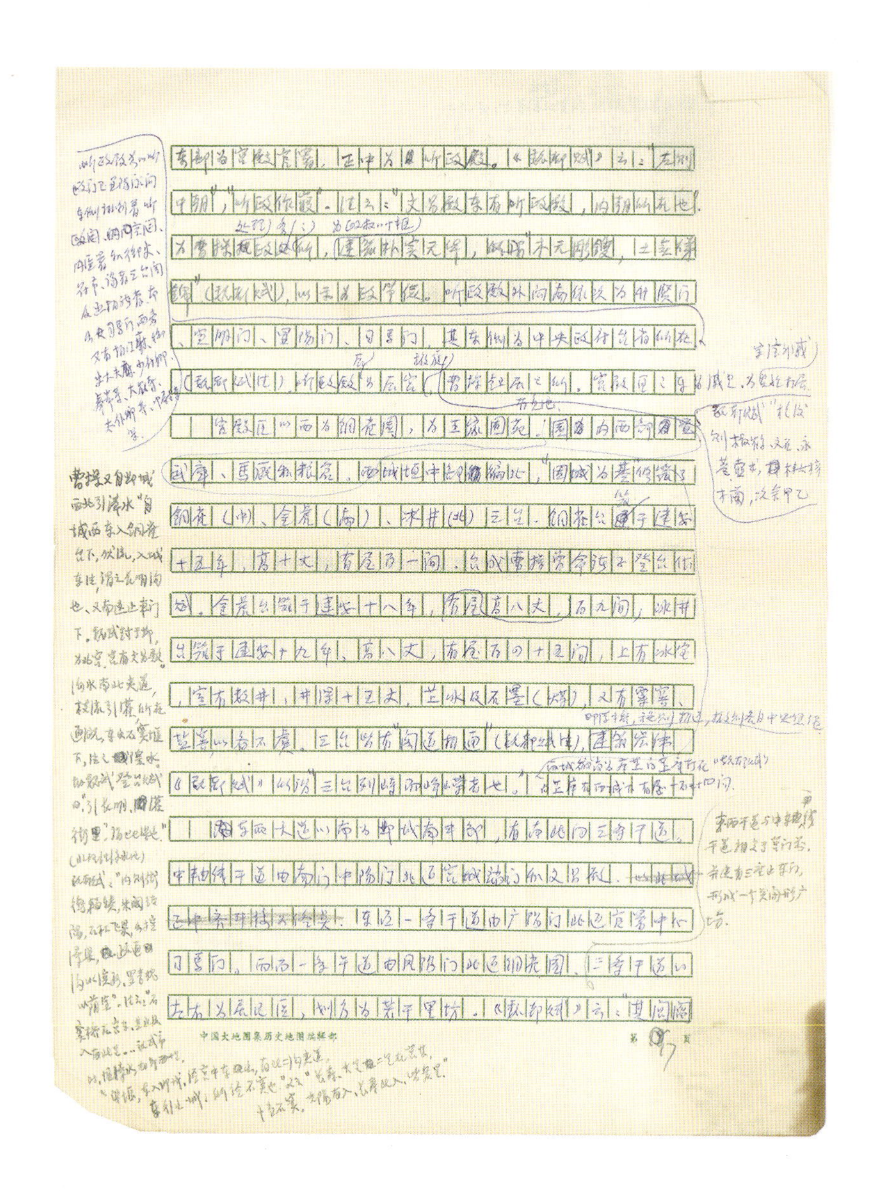
东部为宫殿官署，正中为听政殿。《魏都赋》云：“左则中朝，听政作寝”。注云：“文昌殿东有听政殿，内朝所在也”。为曹操处理政务之所，建筑朴实无华，“楝宇无雕镂，土无绨锦”（魏都赋），以示节约俭德。听政殿外向南依次为升贤门、宣明门、显阳门、司马门，其东侧为中央政府各官署所在（魏都赋注）。听政殿北为后宫，曹操起居之所。宫殿区之东为戚里，为贵族居住区。

宫殿区以西为铜雀园，为王家园苑。园内西部有武库、马厩和粮仓。西城垣中部偏北，园城为基修筑了铜雀（中）、金虎（南）、冰井（北）三台。铜雀台建于建安十五年，高十丈，有屋百一间。台成曹操曾命诸子登台作赋。金虎台筑于建安十八年，台高八丈，有屋九间。冰井台筑于建安十九年，高八丈，有屋百四十五间，上有冰室，室有数井，井深十五丈，藏冰及石墨（煤），又有粟窖、盐窖以备不虞。三台皆有“阁道相通”（魏都赋注），建筑宏伟，《魏都赋》以“三台列峙而峥嵘”者也。

宫城前大道以南为邺城南半部，有通城门三条干道。中轴线干道由南门中阳门北通宫城端门和文昌殿。东边一条干道由广阳门北通宫署中的司马门。西面一条干道由凤阳门北通铜雀园。三条干道以东西为居民区，划分为若干里坊。《魏都赋》云：“其闾阎

中国大地图集历史地图编辑部　　第　页

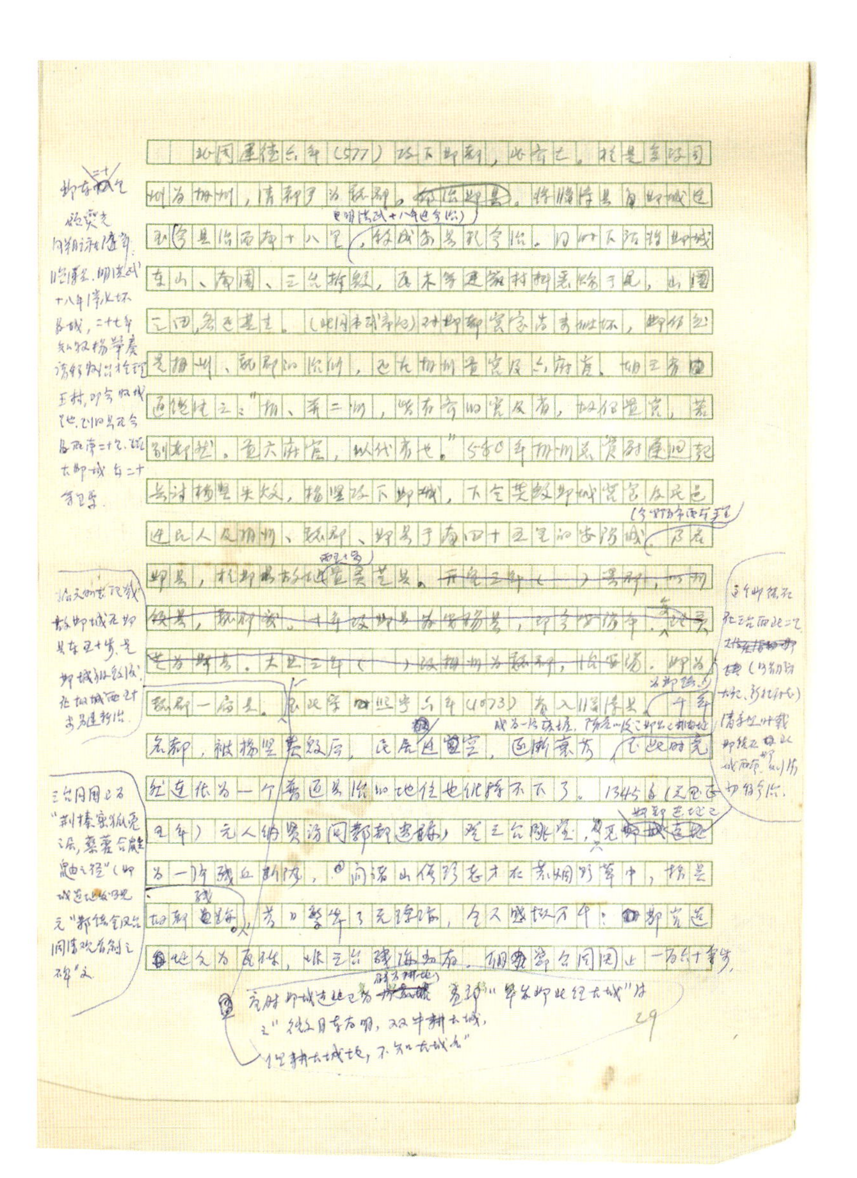

北周建德六年（577）攻下邺都，北齐亡。于是改司州为相州，清都尹为魏郡，（仍治邺县）。将临漳县自邺城迁到今县治西南十八里，[illegible]。同时下诏将邺城东山、南园、三台拆毁，瓦木等建筑材料悉赐予民，山园之田，各还其主。（《北周书·武帝纪》）对邺都宫室尚未拆坏，邺仍然是相州、魏郡的治所，也在相州置宫及六府官。胡三省《通鉴》注云："相、并二州，皆有齐旧宫及府，故仍置宫，若别都然，置六府官，以代齐也。"580年相州总管尉迟迥起兵讨杨坚失败，杨坚攻下邺城，下令焚毁邺城宫室及民邑，迁民人及相州、魏郡、邺县于南四十五里的安阳城，乃名邺县，于邺都故地置灵芝县。~~开皇三年（ ）罢郡，以州统县，魏郡废。十年改邺县为安阳县，即今安阳市。改灵芝为邺县。大业三年（ ）改相州为魏郡，治安阳。~~邺为魏郡一属县。北宋熙宁六年（1073）省入临漳县。千年名都，被杨坚焚毁后，民居迁徙一空，更渐衰落，至此时竟然连作为一个普通县治的地位也保持不了了。1345年（元至正五年）元人纳贤访问邺都遗迹，登三台眺望，见邺都遗址已为一片残丘断陇，[illegible]荒烟野草中，[illegible]

29

谓"邺城平原千里，漕运四通，有西门、史起之遗，可以富饶"（《北史·崔光传》）。李彪则认为"石虎倾于前，慕容灭于后，国富主奢，暴成速败"，不从。实质上其它朝臣阻挠目的为使北南迁，包含了几句也反映了邺城在当时人心目中经济、地理位置之重要。

隋代以后，形势大变。隋唐并设一帝国，当然选择关中的长安、洛阳为都。北宋因东南经济发展，为帝国命脉所系，为保持漕运计，绝对不能依靠，定都开封，不可能再考虑河北之邺，更何况唐代以后河北平原南部大名兴起，替代了邺的地位，故邺已从此中渐走向衰微。元明清三代，大运河开通，从另方面保证首都定在以北京为主，故邺之宁谧，不再有复兴之机会了。而安阳则不然，杨坚毁邺，隋唐之是一个不甚重要的州治，直至五代杨吴政权，偏于东南一隅，尚且不能以当时之首都扬州为其境内最重要之城市，故以建康旧址建立金陵府为都城，而称（以后改称江宁府）。以后徐知诰篡夺了杨吴政权，改为南唐，即以江宁为都城。以后自此建立建康府城之皇宫、太平天国及国民政府，均因其势力发展于长江中下游地区，而多以为首都或地方之政治中心。故邺与建康命运截然相反，而其原

目录

整理出版说明

著名历史学家、历史地理学家邹逸麟先生于2020年6月19日逝世。邹先生对中国历史人文地理、历史自然地理皆有擅长，在黄河史和古都研究领域成就卓越。本书收入先生遗稿两种——《历史上黄河河道变迁》与《安阳历史地理》，兹将相关情况分述于后。

2021年10月，我们在整理邹逸麟先生和张修桂先生留在复旦史地所办公室的遗物时，发现了邹先生《历史上黄河河道变迁》手稿（手稿名称系整理人根据内容拟定）。两位先生荣休后曾长期共用一个办公室。著名历史地理学家张修桂先生亦于2021年9月12日不幸病逝。

《历史上黄河河道变迁》手稿为500字方格（25字 ×20行），长38厘米，宽26.5厘米稿纸，页脚标有“复旦大学稿纸”字样。每页右下邹先生均记有页数，所记最高为75页，但其中多页又分上、下来记且间有重复计数（内容未重复），故全稿实际为96页。手稿的后半部分多页，虽然邹先生作大面积删剔处理，但方格外留白处却写有大量注释或批注，文意相承，仍为重要的黄河变迁研究内容。部分残缺页面所剩文字内容亦能理顺成稿。

邹逸麟先生是黄河史研究大家，先生于1980年开始便在《社会科学战线丛刊》《复旦学报》《文史》等期刊，以及谭其骧先生主编的《黄河史论丛》上发表了多篇关于黄河河道变迁研究的重要学术论文。1982年科学出版社出版的《中国自然地理·历史自然地理》，1990年中华书局（香港）有限公司出版的先生著《千古黄河》，1993年安徽教育出版社出版的先生主编的《黄淮海平原历史地理》，直至2013年科学出版社出版邹、张两位先生主编的《中国历史自然地理》等重要著作中，都可见先生在黄河河道变迁研究领域笔耕不辍。

这份手稿未标注写作时间，但与前述著述内容比对，写作时间当较早，且是不断修改、补正之作。在先生面世作品中体现手稿内容最多的是2013年出版的《中国历史自然地理》一书，不过两者各有所长，如后者基本体现了手稿开篇所言“分成几个部分来叙述黄河变迁的历史。一，历史上黄河河道变迁；二，黄河河性变迁；三，黄河下游两岸的岔流和运河；四，黄河下游湖泊的变迁”这一提纲（除“二，黄河河性变迁”在《中国历史自然地理》中改写为“洪水”“泥沙”等），而手稿内容实际上并未涉及黄河河性、下游两岸岔流和运河、湖泊，仅叙及河道变迁。但手稿中先生作的文献征引多处详于《中国历史自然地理》，体现孤证不立。又如，手稿逐一详细论述了黄河下游21次较大改道及其各自行水时间，并以接入海方向分期叙述，这是先生作品中仅见的。在对金大定年间河决改道及泛道流路的研究上，手稿内容亦最为详细和丰富，对全面理解历史上第一次全河入淮局面有重要参考价值。手稿还对历史上黄河较大改道作了界定，当是《中国历史自然地理》所具体定义的初版，且叙述更为精要。总之，手稿对研究历史上黄河河道变迁具有较高学术价值，也是梳理和理解邹逸麟先生治黄河史的重要文献。当然，更令后学感动的是，先生手稿条理井然，文字缜密，用功细微，乃禹贡学问至极之楷模。

《安阳历史地理》是先生1997年开始为商务印书馆撰写的一本小书。当时，商务印书馆地理编辑室想组编一套介绍几大古都历史地理的图书，先生应邀撰稿。但先生交稿后，由于种种原因，这套图书一直没有出版，如今地理编辑室早已撤销，负责该书的编辑也已转岗，稿子下落不明。2013年，郑州大学历史学院高凯教授曾建议先生将稿件直接出版，他来寻找合适的出版社，但先生认为这是多年前写就的通俗性作品，不愿意再拿出来发表。先生去世后，2021年，邹洁雯女士在先生遗物中发现了该部手稿，当为《安阳历史地理》的初稿。

手稿为500字方格（25字 ×20行），长38厘米，宽26.5厘米稿纸，页脚标有“复旦大学稿纸”或“中国大地图集历史地图编辑部”字样，共43页。每页右下先生均记有页码。底稿系用蓝黑墨水钢笔书写，几乎每页都有一定程度的修改，中有数页甚至作了大量删改，填满了空白之处，修改部分多用蓝黑墨水书写，另用蓝色圆珠笔修改。可见先生曾多次修改，花费了不少时间。虽然先生已发表有数篇关于安阳的研究文章，但系统论述安阳的历史地理，此稿还是首次，故是有其重要学术价值的。

幸运的是，复旦大学出版社对这两份遗稿非常感兴趣，在与复旦大学史地所商量并征得先生家属同意后，决定予以整理出版，特委托我们进行整理。作为先生的弟子，我们责无旁贷并深感荣幸。其中，《历史上黄河河道变迁》由杨伟兵整理，《安阳历史地理》由段伟整理，博士生马楚婕、宗晓垠、姚雪丽参与了部分文字整理工作。我们的工作主要如下：

（1）梳理稿件，改正原稿中的笔误之处，并对部分文句作适当润饰。原稿中的繁体字、异体字均统一改为现行通用简体字。

（2）补正并统一纪年年份。

（3）将原稿中的随文注改为脚注，并核查引文，补充出版信息（尽量精确到页码）。

因两份书稿皆成于二三十年前，个别研究数据（包括今地）或有待更新，但尊重先生当时的写作，我们不作修改、补充。特此说明。

此外，为更好地领会先生治学之风，附录收入了邹振环教授整理的先生早年考察古黄河与河南行的日记，以飨读者。

杨伟兵　段　伟

2023 年 5 月 8 日

邹逸麟先生遗著两种

历史上黄河河道变迁

黄河是我国第二条大河，源出青海高原巴颜喀拉山脉雅合拉达合泽山东麓约古宗列渠，流经青海、四川、甘肃、宁夏、内蒙古、山西、陕西、河南、山东九个省区入海，干流全长为5 464公里，流域面积为752 443平方公里。由于黄河的中上游流经水土流失严重的黄土高原，每年给下游带来了大量的泥沙，使黄河成为世界上含沙量最大的河流。这些泥沙随着水流在下游河床上淤积起来，日积月累，抬高河床，每逢汛期就有决口泛滥的危险。据史料记载，在解放前的三四千年间，黄河下游的决口泛滥达一千五百余次，较大的改道就有二十一次。水灾波及的范围，北至天津，南达江苏、安徽，纵横二十五万平方公里。人民生命财产的损失不计其数。因而历史上黄河成为一条以“善淤、善决、善徙”闻名的害河。

黄河流域是中华民族的摇篮。黄河中下游地区在相当长的时期内是我国政治和经济的中心。几千年黄河的变迁，不断地威胁和破坏着中下游地区人民的生命和财产的安全。北至天津、南至淮河的华北大平原上几乎没有一条河流不经过黄河水的流经，没有一个湖泊不受过黄河泥沙的沉淀，黄河的泛滥对华北平原的地貌变迁产生过巨大的影响。黄河流域阶级斗争和生产斗争的历史，与黄河本身的变迁也有着一定的关系。

以下分成几个部分来叙述黄河变迁的历史。一，历史上黄河河道变迁；二，黄河河性变迁；三，黄河下游两岸的岔流和运河；四，黄河下游湖泊的变迁[1]。

历史上黄河除了在下游广大冲积平原上有过幅度很大的决徙改道外，在上游的银川平原和河套平原，中游从禹门口至潼关的汾渭平原，下游自孟津至桃花峪等各河段，都曾有过小规模的变迁，因为影响不如下游改道之大，故而历来不为人们所注意。

下面即就历史上黄河在上中下游各段决溢改道的基本情况，试作一次比较全面的介绍。中上游各河段，由于资料缺少，变迁也不大，故而叙述从略。下游记载详尽，变迁很大，与历史时期华北平原的自然和社会的变化关系密切，故而叙述较为详细。

---

1 整理者按：原稿此行下有标题“Ⅰ. 历史上黄河河道变迁”，因手稿未叙及其他三个部分，故此处标题略去。

一、中上游河道变迁

1. 银川平原河段的变迁

黄河从宁夏青铜峡至石嘴山，沿岸为狭长的银川平原，是贺兰山和鄂尔多斯高原之间的凹陷地带。河道流到这里，地势自西南向东北倾斜，坡度平坦，支岔分歧，流速顿减，泥沙易于沉淀。至迟在西汉时代，劳动人民已在这片平原上开凿沟渠，引河水溉田[1]。后代人民又不断兴修改筑，形成了渠道交错的局面。

---

1 《史记》卷二九《河渠书》：汉武帝塞瓠子后，“用事者争言水利。朔方、西河、河西、酒泉皆引河及川谷以溉田”（中华书局1963年点校本，第1414页）。西河当指此段黄河。西河郡地处山陕峡谷地带，不可能引河溉田。《汉书》卷二八《地理志第八下》“安定郡”条：“河水别出为河沟，东至富平北入河。”（中华书局1964年点校本，第1615页）河水枝津“受大河东北径富平城，所在分裂，以溉田圃，北流入河。”《元和志》“汉渠在灵武县南五十里”（〔后魏〕郦道元撰：《水经注》卷三《河水》，《景印文渊阁四库全书》第573册，第48页）。按今灵武境内有秦渠，传为秦时所开，不可信。据《一统志》，此渠本名秦家渠，系元至元初所开（嘉庆《大清一统志》卷二六四《宁夏府》，《续修四库全书》第618册，第413页）。《宋史·夏国传》《元史·郭守敬传》载此地古渠，皆只言有汉唐，不及汉以前（《宋史》卷四八六《夏国传》，中华书局1977年点校本，第14028页；《元史》卷一六四《郭守敬传》，中华书局1976年点校本，第3846页）。

这些河渠的两岸土质疏松，坍塌现象严重，故而每至汛期洪水暴涨，洪水奔放入渠，经常泛滥成灾。两岸土地日被冲刷，常易崩塌，久而扩大至沿岸村庄，大片土地沦为泽国，“甚至河道变迁，为害愈烈”[1]。

历史时期这一段黄河由于狭长平原及渠道众多等原因，呈现出干流东西摆动的变化。北魏时代的薄骨律镇和灵州都在今灵武县西南十二里。据《水经注》记载，这个古城在“河渚上”[2]，《元和郡县图志》解说因为“州在河渚之中，随水上下未尝陷没，故号灵州”[3]。可见当时的灵州在古黄河中的沙洲上，古黄河道应在今河之东、灵武县西南十二里处流过。到了唐代，灵州的附郭回乐县“枕黄河”[4]，古代的河中沙洲已与东岸连起来了。明初洪武十七年（1384）时，灵州城圮于水，移筑新城于旧城北七里；宣德元年（1426）又为河水所冲，三

1 《宁夏全省民国二十四五两年黄河工程之总说》，《宁夏省水利专刊》，宁夏省政府建设厅1936年版，第3页。

2 〔后魏〕郦道元撰：《水经注》卷三《河水》，《景印文渊阁四库全书》第573册，第47页。

3 〔唐〕李吉甫撰，贺次君点校：《元和郡县图志》卷四《关内道四》，中华书局1983年版，第91页。

4 同上书，第93页。

年，于东北五里筑新城，即今灵武县治[1]。明末黄河经灵武县西北一里[2]。清顺治初年时，灵州城被水冲啮，后河势逐渐趋西[3]。但在康熙内府图中河道仍紧逼城下，在乾隆内府图中则已西徙去州二三十里，略同今图。此后又转而东侵，唯变动不大。

2. 河套平原和呼和浩特平原河段的变迁

黄河出磴口后又进入了地势平坦的河套平原。这一段黄河正流在历史时期有过显著的变化。据考古调查，古代临戎县故址在今黄河西岸磴口北约20公里，在这个古城西三十公里范围内，发现有古废河道三条，相距最近的一条南北向的河形还相当完整。这些遗迹反映了古黄河在历史时期不断地向东徙移。就是现在的黄河河道，仍在继续向东移动中，每年洪水季节，黄河东岸

---

1 《明宣宗实录》卷三三“宣德二年十一月庚戌”条，台北“中研院”历史语言研究所1962年版，第855页；嘉庆《大清一统志》卷二百六十四《宁夏府》，《续修四库全书》第618册，第410页。

2 〔清〕顾祖禹撰，贺次君、施和金点校：《读史方舆纪要》卷六二《陕西十一》，中华书局2005年版，第2951页。嘉庆《大清一统志》卷二六四《宁夏府》，《续修四库全书》第618册，第412页。

3 《天水渠》，《宁夏省水利专刊》，第143页。

不断崩塌，而西岸河滩则在不断伸展[1]。

据《水经注》记载，古黄河（在今河道之西）经古临戎县西后，又北流，经过由河水向西北决溢潴聚成的一个大湖泊，古代称为屠申泽[2]，东西宽120里。河水又折而东流，至河目县故城（今乌梁素海东北）西，折而南流。这一段大致相当今天的乌加河。《水经》即以此为河水，即黄河正流。《水经注》里或称河水，或称北河，用以区别于南河。南河大致相当于今黄河，其时为黄河支流。此后，河道虽有摆动，唯以北河为径流、南河为支流的基本情况长期未变。所以从秦汉时代所谓“河南地”到明代所谓河套都不仅指今前套，也包括后套在内。清代初年河势渐变，见于康熙内府图的，已不再是南北二河，而是初分东西二派：以东派为主流，东北流先后分二支东流，又东北与西派会而东流；西派北流西溢为腾格里池，即古屠申泽，池周百余里，又自池东北出东北流，潴为库库池，又折而东流与东派合而东流；自此以下为南中北三派，不分主次，东流至乌拉特前旗之西，北中二派复合而南流，与南派合。到了乾隆内府图里，分支如旧，独将南派

---

1 侯仁之、余伟超、李宝田：《乌兰布和沙漠北部的汉代垦区》，《治沙研究》第七号，科学出版社1965年版，第17页。

2 〔后魏〕郦道元撰：《水经注》卷三《河水》，《景印文渊阁四库全书》第573册，第48—49页。

加粗，可见支流南趋之势已渐显著。乾隆以后，南派遂独擅黄河之名，其余各派和腾格里池、库库池悉归淤废。道咸以来，随着蒙旗的逐步放垦，开挖了许多灌溉渠道。这些渠道都顺着地势作西南东北走向，首受黄河，而以北派故道为尾闾，从此中派故道完全湮灭，而北派则承诸渠余水，改称乌加河。但近代的乌加河并不等于是古黄河即北河故道的复原或由宽变狭。据清光绪末实测，故道的西段（康熙图中的西派）仅首尾各一小段有水，中间约二百里沙山横亘，故道无可辨认。自永济渠以东约五百里，则或通或塞，东至乌梁素海，因河身淤平十余里，河势宽泛，故有乌梁素海之称。乌加河即至此为止，后二十年又经实测一次，首尾形势基本不变，唯自永济渠以东至乌梁素海已全部通流[1]。1933 年大水，乌梁素海骤然扩展至 700 平方公里，向南溢出，经西山嘴入黄河[2]。

乌加河口至西山嘴之间的今黄河，也不等于就是古南河的由狭变宽。古代南河流经广牧县北。广牧县故城在今五原县南三十公里西土城子，黄河北岸的河槽中，绝大部分已被黄河吞没，仅

---

1 督办运河工程总局编辑处：《调查河套报告书》，京华印书局 1923 年版，第 177、186、275 页。

2 李华庭：《乌梁素海纪实》，《旅行家》1957 年第 2期。

剩下一小部分北城墙，可知古代南河河道在今黄河河道之北。

黄河正流和乌加河合流于西山嘴后，东南流，北岸又有三呼河岔分东出，与河并流200余里至三岔口合于河。据《水经·河水注》和清末地图核对，旧时大河实为今三呼河，近几十年内改走南面的今道[1]。

另外，据近几十年内调查，三岔口上游不远处有淤河一道，自黄河南岸分出，东流九十余里至包头市南南海子稍东与黄河合，当地人称为大河，相传为黄河故道[2]。证以旧时达拉特旗与乌拉特旗实以此河而不以今黄河为界，可见迟至明嘉靖间（1522—1566）划分旗界时，此河犹为当时的黄河正流。嘉靖以后不知何时，黄河改走今道，清初故道已淤废[3]。

3．从禹门口至潼关段的变迁

黄河过河口镇后，急趋南下。在出禹门口前，经过一段七百公里的山陕峡谷区，河床宽仅二百至四百公尺，两岸峭壁陡立，

1　侯仁之、余伟超、李宝田：《乌兰布和沙漠北部的汉代垦区》，《治沙研究》第七号，第16—17页；禾子：《北河（下）》，《中华文史论丛》第6辑，中华书局1965年版，第214页。

2　督办运河工程总局编辑处：《调查河套报告书》，第215—216页。

3　禾子：《北河（下）》，《中华文史论丛》第6辑，第214页。

在龙门口一段宽仅250公尺，落差达12公尺，形成著名的“壶口瀑布”。河水一出禹门口，两岸地势突然开阔，河床扩充至数公里，自此南抵潼关，历史上河道经常出现东西摆动现象，大庆关时而在河西，时而隔在河东。洛水时而入渭，时而径自入河。故当地人民有“三十年河东，三十年河西”的说法，就是形容这一段黄河的来回滚动。

《汉书·地理志》左冯翊褱德县下说“洛水东南入渭”[1]，北地郡归德县下又说“洛水出北蛮夷中，入河”[2]，同一洛水所以一作入渭，一作入河，应该是由于班固杂采不同时代的记载之故，可见西汉或西汉以前，蒲州、潼关间河道曾发生过左右摆动。《汉书·沟洫志》载汉武帝时曾大兴工役，穿渠引汾、引河，想把今河津、永济间的河边弃地改造成用黄河水、汾水灌溉的渠田，兴工数载，由于“河移徙，渠不利”而罢[3]。这又是西汉时关于汾河口一段黄河河道迁移的明确记载。明以后这方面的记载极为频繁，先讲汾河口一段：荣河县旧在河东五里，入明渐

1 《汉书》卷二八上《地理志上》，中华书局1962年点校本，第1545页。
2 《汉书》卷二八下《地理志下》，第1616页。
3 《汉书》卷二九《沟洫志》，第1680页。

徙而东，正德二年（1507），遂至城下，去县治仅七十步[1]。隆庆四年（1570）河道又东移，东去河津县治仅十里，汾河旧在荣河县北入河，至此改在河津县西南二十里葫芦滩入河[2]。清嘉庆（1796—1820）以前河复西移，去河津县十五里[3]。清末因葫芦滩不断淤增，河身西缩，使汾河又在荣河县西北夹甸渡入河[4]。民初，汾河又在荣河县庙前镇北约五里入河[5]。1933年前后，汾河又恢复在葫芦滩入河。解放后，汾河入河口大约在庙前镇北十余里处[6]。历史上汾河口的伸缩主要是受黄河河床东西摆动的影响。

蒲州、潼关段黄河的演变较上述一段更为显著。明中叶以

1 嘉庆《大清一统志》卷一四〇《蒲州府》,《续修四库全书》第615册，第556页。

2 《明史》卷四一《地理志第二》，中华书局1974年版，第963页；光绪《山西通志》卷四〇《山川考十》,《续修四库全书》第642册，第179页。

3 嘉庆《大清一统志》卷五五《绛州直隶州》,《续修四库全书》第616册，第94页。

4 光绪《山西通志》卷四〇《山川考十》,《续修四库全书》第642册，第193页。

5 《民国舆图》。整理者按：此《民国舆图》版本不详。

6 《万荣县》图，星球地图出版社编：《山西省地图集》，星球地图出版社2009年版，第164—165页。

后，开始有显著变化。成化（1465—1487）中，黄河向西摆动，洛河原在华阴县入渭，至此改由朝邑县赵渡镇径入于河，不复入渭[1]。正德嘉靖间继续西移，隆庆三年（1569），直逼朝邑县东门[2]。次年忽而东移，一度泛滥至蒲州府城西门。忽而又西徙至朝邑县[3]，从大庆关至朝邑县治三十里内一片汪泽[4]。万历六年（1578）黄河淹没了赵渡镇东南太阳诸聚落。八年（1580），河又东徙至蒲州城下，居民筑石堤为障，渐徙而西，去城十余里[5]。十二年（1584）又西移至朝邑县东南三十里的三河口[6]。

---

1 《明史》卷四二《地理志三》，第996页。

2 正德《朝邑县志》卷一《总志第一》，《中国地方志集成·陕西府县志辑》第21册，凤凰出版社2007年版，第5页；万历《续朝邑县志》卷一《地形志》，《中国地方志集成·陕西府县志辑》第21册，第27页。

3 光绪《山西通志》卷四〇《山川考十》，《续修四库全书》第642册，第179页；万历《续朝邑县志》卷一《地形志》，《中国地方志集成·陕西府县志辑》第21册，第27页。

4 万历《续朝邑县志》卷一《地形志》，《中国地方志集成·陕西府县志辑》第21册，第27页。

5 嘉庆《大清一统志》卷一四〇《蒲州府》，《续修四库全书》第615册，第556页；光绪《山西通志》卷四〇《山川考十》，《续修四库全书》第642册，第179页。

6 万历《续朝邑县志》卷一《地形志》，《中国地方志集成·陕西府县志辑》第21册，第27页；康熙《朝邑县后志》卷一《山川》，《中国地方志集成·陕西府县志辑》第21册，第103页。

古蒲津关在今朝邑县东三十里黄河西岸，隔岸与蒲州相对。宋大中祥符中改名大庆关，万历二十六年（1598）时因大河西徙，大庆关已隔在河东，故又于朝邑县东七里置新大庆关[1]。清康熙年间大河又东侵，旧大庆关一带沿河南北十四五里，东西六七里，一望弥漫[2]。雍正时河水南径朝邑县东新大庆关，又南径赵渡镇，与洛水会合，至望仙观与渭水合[3]。道光年间曾在东岸挑空引河，企图改变流向，但都是“随挑随淤”，未获成功，而西岸不断坍塌[4]，延至清末民初不已。1927年黄河仍自大庆关西流经赵渡镇与洛水会合。1928年起渐东移，至1932年一夜之间改道经大庆关东直下潼关，洛水遂不再入河，改为入渭。1932年以后至60年代，蒲州以下河段又曾多次摆动，旧大庆关（1929年置平民县）和新大庆关已为决流所荡灭，以致反映在60年代后期所测绘的地图上，从蒲州黄河对岸西至朝邑县治三十

---

1 康熙《朝邑县后志》卷一《山川》,《中国地方志集成·陕西府县志辑》第21册，第104页。

2 《亿姓感戴赈济碑记》，康熙《朝邑县后志》卷八《艺文》,《中国地方志集成·陕西府县志辑》第21册，第193页。

3 雍正《陕西通志》卷八《山川》,《景印文渊阁四库全书》第551册，台湾商务印书馆2008年版，第445页。

4 民国《续修陕西通志稿》卷五八《水利二·同州府》，1934年铅印本，第35册，第7页。

里，除了几个部队的农场以外，一片空白，绝无村落[1]。

二、下游河道变迁

1. 从孟津至武陟黄河段的变迁

黄河从孟津开始进入下游，但从孟津到武陟一段，北岸虽已出山，距岸一二十里内仍横亘一条低岗，南岸则耸峙着邙山与广武山脉，所以历史上只有河床的摆动，而无河流的改道。据近人研究，南岸孟津东北的铁谢镇、巩县西北的马峪沟、荥阳西北的孤柏嘴和东北的桃花峪四处是这一段黄河震荡性曲流活动的枢纽点。铁谢是黄河由峡谷进入宽槽的起点。桃花峪以下，北岸有沁水注入，南岸山地折向东南，从此黄河南北两岸即漫无约束了。马峪沟是铁谢镇与洛口之间的流线幅合点。若马峪沟以上的流线偏北，以下的流线就偏南，则洛水在巩县穿越邙山后即北流入河。反之，则南岸滩地展宽，洛口被淤阻，洛水出山谷即在滩地上向东延伸至巩县下游，甚或东会汜水再入河。孤柏嘴则是洛

---

1 夏开儒、李昭淑:《渭河下游冲积形态的研究》,《地理学报》1963 年第 3 期。

口至武陟最南的一个岬角，当孤柏嘴以西的河道奔流在谷地南侧时，大流经孤柏嘴一挑，流势引向北岸，沁河大堤正当顶冲，即形成险工。反之，当孤柏嘴以西的河道濒临北岸时，以东的河槽即紧倚着南岸，北岸就成为平工了。

历史时期黄河在这一段的左右摆动，反映在孟县以南河岸与沙洲的变迁和洛口的变迁上。

今孟县南偏西约十八里处的花园渡，大致相当于古代著名的黄河渡口孟津。自周武王在此大会诸侯渡河伐纣起，历汉晋北朝隋唐直到五代，有关这个渡口的攻战防守，史不绝书。西晋初年开始在这里造舟为梁，架设了河桥；北魏在这里筑城戍守，由北中郎将领队，号北中城。东魏又筑中潬城于河中渚上，筑南城于南岸，置河阳镇。隋移河阳县于北中城，置河阳宫于城内。唐初设关置镇于州。安史乱后特置河阳三城节度使于此，号称天下重镇。三城的形势是“北城南临大河，长桥架木，古称设险；南城三面临河，屹立水滨；中潬城表里二城，南北相望”[1]。由此可

---

1 〔清〕沈炳巽撰：《水经注集释订讹》卷五《河水五・漯水》，文中作“长桥架水”（《景印文渊阁四库全书》第574册，第89页）。〔唐〕李吉甫撰，贺次君点校：《元和郡县图志》卷五《河南道一》记载，“南城，在县西，四面临河，即孟津之地，亦谓之富平津。……中潬城，东魏孝静帝元象元年筑之，仍置河阳关。天宝已前，亦于其上置关”（中华书局1983年版，第144页）。〔清〕顾祖禹撰，贺次君、施和金点校：《读史方舆纪要》卷四六《河南一》，第2132页。

见，唐以前黄河流经这一段时，河势应比较稳定，河面较狭，两岸之间又有一个屹立河中的洲渚，在洛阳附近一带，这里最便于渡河，因此形成了历史上一个兵家必争之地。

从初唐到北宋中叶，虽有一些河溢坏河阳县、河阳桥、中潬城和孟州（治河阳县）河堤的记载[1]，但两桥联系三城的建置既不变，可见南北两城逼临河滨，黄河分两股流经两岸与河中洲渚间的基本形势必未变。可是到了北宋末年，初则“北河淤淀，水不通行，止于南河修系一桥，因此河项窄狭，水势冲激，每遇涨水，多致损坏”。北宋政府特于政和七年（1117）兴工开浚北河，意欲恢复南北分流旧状，不料此河一经开通，第二年北河的“河势湍猛，侵啮民田，迫近州城止二三里”，又不得不在北岸采取防护措施[2]，这说明了过去二千年来这一段黄河的稳定性，至此已难于维持。因此宋金之际双方用兵附有几条关于河阳的记载，但其重要性已显然非五代以前之比。

到了金大定中，河阳城竟为河水所冲毁，只得远离河岸十八

---

1 《旧唐书》卷三七《五行志》，中华书局 1975 年点校本，第 1352、1353 页。《新唐书》卷三六《五行志三》，中华书局 1975 年点校本，第 928、929 页。《宋史》卷六一《五行志一上·水上》，中华书局 1977 年点校本，第 1319、1320、1322、1324 页；卷九一《河渠志一·黄河上》，第 2257、2258 页。

2 《宋史》卷九三《河渠志三·黄河下》，第 2314—2315 页。

里在今孟县治另筑新城，移州治于此，称上孟州，旧城称下孟州；兴定中一度迁还下孟州，元初又迁上孟州，以至于今[1]。金元以来，孟县以南的河床又不知几经摆动，从孟津以至河阳三城的古迹，也就消灭得无影无迹了。最近几十年来，这一段河床在向南摆动，因此孟县城南有一片宽达十余里的河滩，没有村落，只有新设的农场。

南岸的洛水口，据《山海经·海内东经》在成皋（汜水西）西，据《汉书·地理志》《水经注》《元和郡县图志》则都在巩县[2]，这可能是反映了在西汉初年以前，曾有一个时期自马峪沟至孤柏嘴一段黄河主泓偏北，自汉至唐则以偏南为常。北宋元丰二年（1079）开河五十里经广武山麓引洛水入汴[3]，则此前黄河流势当已北移，洛口东移去汜水口不远，因为从巩县北的旧洛口

1 〔清〕顾祖禹撰，贺次君、施和金点校：《读史方舆纪要》卷四九《河南四》，第2299页；嘉庆《大清一统志》卷二〇三《怀庆府二》，《续修四库全书》第617册，第188页。

2 〔晋〕郭璞注：《山海经》卷一三《海内东经》，《景印文渊阁四库全书》第1042册，第69页。《汉书》卷二八上《地理志上》，第1549页。〔后魏〕郦道元撰：《水经注》卷五《河水》，《景印文渊阁四库全书》第573册，第81页。〔唐〕李吉甫撰，贺次君点校：《元和郡县图志》卷五《河南道一》，第134页。

3 《宋史》卷九四《河渠志四·汴河》，第2328页。

东去汴渠是远远不止五十里的。明前期洛口在巩县北，嘉靖后洛水东移至汜水镇入河，这是由于“嘉靖后大河北徙，去洛口远，故洛水又东流乃入大河”。清乾隆时，马峪沟以东的黄河“复南徙，洛水入河处在巩县东北界”[1]。近几十年洛口又常东西摆动，如1890年、1923年马峪沟以西河道偏北，以东河道偏南流时，洛河即在巩县北入河。如1934年、1953年因为黄河偏北流，洛河又在孤柏嘴或孤柏嘴以西，沿着谷地低槽注入大河[2]。

2．武陟荥阳以下黄河下游的大改道

一般所谓黄河变迁，主要就是指黄河下游在华北平原上的变迁改道。早在殷周时代，黄河流域的人口还很稀少，中上游地区植被保持较好，水土流失程度轻微，人为因素对黄河变迁的关系较小。同时由于地广人稀，人们可避居于比较高阜的地区，黄河的自然泛滥对人们生活的影响不大。春秋战国以来，黄河流域的人类活动逐渐频繁，包括战争、无计划的垦殖以及对黄河施加种

1　乾隆《巩县志》卷四《山川志》，河南省巩县志编纂委员会1989年重印本，第19页。

2　郑威、胡贤洪、方永：《伊洛双子河——河谷地形与水文地理调查》，中国科学院地理研究所编辑：《地理学资料》第2期，科学出版社1958年版，第79—110页。

种不合理的人为影响，使黄河中上游地区植被破坏，水土流失，大量泥沙在下游河床上沉积下来，河床不断抬高，一逢洪汛，就决溢成灾。在三四千年历史中，在下游的决溢改道有千余次之多，其中较大的改道就有二十一次。

这里所谓较大的改道，是指黄河决口以后，河段的变化较大，主流形成一条或数条固定的河道，同时这些固定的河道稳定了一段较长的时间，并对以后黄河的变迁有着一定的影响。至于改道时间较久但河段变化不大，或河段变化较大而流经时间极短，经过人工堵口后回复故道的变迁，以及决口后泛滥了大片土地，但始终未形成固定河道，过了一段时间又恢复故道的，都不作为较大的改道。

以下即对历史时期黄河二十一次较大的改道，按照入海的方向，分为几个时期来叙述，对那些虽然不计为较大的改道，但仍不失为比较重要的决口和变迁，亦附述于后。

（1）从有历史记载至公元10年以前为黄河从渤海湾西岸入海时期

在这一千几百年历史里，春秋以前关于黄河的记载缺乏。从零星的资料里只知道齐国的疆域“西至于河”，晋地东至于今宁晋泊大陆泽一带，齐晋之间有数百里空无城邑的地区，应该就是当时大河泛滥的地区，黄河由此北流至渤海湾西岸入海[1]。战国时代记载较为详细，人为决溢有四次，西汉时期黄河决溢九次，共十三次，前后大的改道就有三次。

大禹治水的传说，应该是我国古代劳动人民与洪水作英勇斗争事迹的反映。上古时代，黄河可能还没有固定的河槽，洪水到处横流，传说大禹治水，大概是顺着地势，将漫无边际的洪流导入洼地、湖泊以及原有的河流里去，然后分成数条泄洪道，流入大海，使黄河有了固定的河槽。我国古籍里记载最古的大河有两条，一条是《山海经》里的大河，一条是《禹贡》里的大河。这两条大河虽然都记载在成书于战国时代的《山海经》《禹贡》里，可是据以后的文献记载来推断，大约是春秋以前时代的大河。这两条大河在流入冀中平原之前，流经是相同的，就是《汉

1 《左传》僖公四年管子言齐地“东至于海，西至于河，南至于穆陵，北至于无棣”。不言南至于河或北至于河，而言西至于河，可见其时黄河经流，虽未可详知，要之必在渤海湾西岸入海。盖若在渤海湾南岸今山东境入海，则其北境势不得逾河而至于无棣；若在今江苏境注入黄海，则其上游必不得在齐之西境。春秋晋地见于记载者东止于东阳，约当近世之宁晋泊、大陆泽一带。齐地西至于河，即今堂邑、清平、高唐一带，齐晋间数百里地空无城邑，当为大河泛滥的地区。参见《春秋左传注疏》卷一一《僖公》，《景印文渊阁四库全书》第143册，第256页。

书·地理志》里所谓“鄃东故大河”[1]和《水经注》中所谓“有宿胥口，旧河水北入处”[2]的大河，下游流至冀中平原后，才分道入海。根据今人考订，古大河自河南孟县以下，东流过洛汭（洛河入黄河口），东北流经今荥阳以北，新乡、汲县之南，折而北流经黎阳大伾山西（郑玄注以为在修武、武德界。张晏以为在成皋县。臣瓒以为修武、武德无此山，怀疑即今黎阳大伾山。《史记》唐张守节正义以为即黎阳山）[3]，又北经广平西、肥乡东，受古泽水（今漳河上源），又北流至今平乡、巨鹿、任县、隆尧的古大陆泽区，再东北流经新河西，束鹿、深县之南，自此两河开始分流，《山海经·北山经》的大河，又北流经蠡县东、高阳县西，大致走《汉书·地理志》中的滱水，经今大清河北，东流入海。《禹贡》大河走《汉书·地理志》虖池河，大体循今泾阳河北，又东北经武强、献县之南，沧州、青县之西，循今马厂减河

1 《汉书》卷二八上《地理志上》载，“鄃，故大河在东北入海”（第1573页）；〔清〕吴卓信：《汉书地理志补注》卷五三《陇西郡》载有“鄃东故大河”（清道光二十八年刻本）。

2 〔后魏〕郦道元撰：《水经注》卷五《河水》，《景印文渊阁四库全书》第573册，第84页。

3 《汉书》卷二九《沟洫志》，第1676页。《史记》卷二《夏本纪》，第72页。

入海[1]。河北省东南部平原上，古大河下游干流之南还分成几股岔流分别入海，即所谓“北播为九河，同为逆河，入于海”[2]。因为古大河下游入海口段，都受到海潮的顶托倒灌，故称“逆河”。

这两条历史记载中最早的大河，其上限究竟开始于什么时候，哪一条在前，哪一条在后，由于资料缺乏，很难确凿判定。但是从《山海经》大河汉以来已无人提到，而汉人还知道《禹贡》九河最北一支徒骇河就是当时的虖池河[3]的情况看来，大体可以推定《山海经》大河在前，《禹贡》大河在后。这可以说是历史上黄河见于记载的第一次大改道。

公元前602年，即春秋中期周定王五年，黄河在宿胥口（今河南浚县西南，卫、淇合会口东南）改道，折而东行古大河下游最大的一条分支漯水河道，流经今滑县之北、浚县之南，折北经今濮阳县西、内黄县东，至南乐县西与漯水分流，经大名、馆陶之东，折而东流至高唐东南，又折而北流经今德州市东，大体

---

1 谭其骧:《海河水系的形成与发展》,《历史地理》第4辑，上海人民出版社1986年版，第1—27页。

2 《史记》卷二《夏本纪》，第70页。

3 《汉书》卷二八上《地理志上》记载，“虖池河，民曰徒骇河”(第1579页)。

走今南运河道，北流至今沧州市西，循今捷地减河，在汉章武县（今黄骅县西南）北入海。这是黄河在历史记载中的第二次大改道。这条河道大约稳定了大河四百多年，进入西汉时期后，才有决口泛滥见于记载。

西汉二百年内，见于记载的决口泛滥共有九次，每次决口所造成的损失愈来愈趋严重。文帝十二年（前168）河水在东郡酸枣（今河南延津县西）决口，冲溃了这一带的金堤，动员了大批东郡民工才把决口堵住[1]。事过不到三十年，泛决就连续发生了。武帝建元三年（前138）河水又在下游平原郡（今山东北部）泛滥[2]。元光三年（前132）春"河水徙从顿丘（今河南清丰县西南）东南流入勃海"[3]。由于记载过于简略，这条泛道的流经不明。过去都按胡渭的说法以为走漯水入渤海[4]，但从顿丘东南流，不可能注入漯水，有可能"东南"是"东北"之误。总之，决口在顿丘流入渤海。这次决口虽然很快塞住了，但就在顿丘决口的

1 《汉书》卷四《文帝纪》，第123页，卷二九《沟洫志》，第1678页。〔后魏〕郦道元撰：《水经注》卷五《河水》，《景印文渊阁四库全书》第573册，第83页。

2 《汉书》卷六《武帝纪》，第158页。

3 同上书，第163页。

4 水利电力部黄河水利委员会编：《人民黄河》，水利电力出版社1959年版，第35、39页。

同年五月，河决瓠子（今濮阳县西南），洪水东南直泄巨野泽，经泗水注入淮河[1]（巨野泽下游经济水入海，当时黄河决流可能还有一部分由此道入海）。这是历史记载中河水南下汇淮入海的第一次，这次河决泛滥所及达十六郡。汉武帝发卒十万去塞决口，旋塞旋决，而当时任丞相的正是崇儒黜法的田蚡[2]，他的食邑在河北的鄃（今山东平原县西南），大河南徙，对他有利，因而他以唯心主义的“天命论”来劝阻武帝不去堵塞决口，听任洪水漫流，使大河和淮泗之间遭受了二十余年的水灾，农业生产受到严重破坏。直至元封二年（前109），才将决口堵住，河复故道[3]。

瓠子口堵住后不久，河水又在馆陶县（今县）决口，向北冲出一条屯氏河，流经魏郡、清河、信都、勃海四郡，约在今东光县境注入大河。这条屯氏河全长一千五百里，“广深与大河等”[4]，是黄河下游一支很大的岔流（时人对屯氏河和大河正流，

1 《汉书》卷二九《沟洫志》，第1679页。
2 《汉书》卷八八《儒林传》，第3593页。
3 《汉书》卷六《武帝纪》，第193页。
4 《汉书》卷二九《沟洫志》，第1686—1687页。

不复分别主次，同作入海[1]）。因为屯氏河是“因其自然”[2]冲决而成的，水流通畅，利多害少，也就不加堤塞，形成了历史上黄河第三次大改道。后来屯氏河又分出一支屯氏别河，从屯氏别河又分一股名张甲河[3]。这种中部河道分支特别多，下游又汇合正流入海的河道形势，是这次改道的特点。

屯氏河与正流分流的局面保持了七十年。汉元帝永光五年（前39），河水又在灵县鸣犊口（今高唐县南）决口，此决分出一股岔流，北流至蓨县（今景县南）入屯氏河，而原来的“屯氏河绝”。但灵县鸣犊口流水不畅，大河正流“独一川兼受数河之任，虽高增堤防，终不能泄。如有霖雨，旬日不霁，必盈溢”[4]。河水不断地威胁着堤岸。十年以后，成帝建始四年（前29）黄河又在馆陶和东郡金堤一带决口，泛滥兖、豫二州，济、漯二水下游的东郡、济南、平原、千乘等四郡三十二县都为洪水所淹，受灾面积达十五万余顷，水深的地方有三丈，“败坏官亭室庐且

1 《汉书》卷二八上《地理志上》，第1573页；卷二九《沟洫志》，第1686页。

2 《汉书》卷二九《沟洫志》，第1687页。

3 《汉书》卷二八上《地理志上》，第1577页。

4 《汉书》卷二九《沟洫志》，第1687页。

四万所”[1]。逾月乃塞决口。但二年以后，即河平二年，河水又在平原决口，流入济南、千乘等郡，“所坏败者半建始时”，兴工六月始塞。鸿嘉四年（前17）黄河下游在清河、信都、勃海三郡地区泛决漫溢，灌县邑三十一，败官亭民舍四万余所，灾情较河平二年的一次更为严重。当时朝廷公卿议论纷纭，历时二十余年直到王莽时代，竟不予堵塞，“但崇空语，无施行者”[2]。西汉后期河患的日趋严重，表示正酝酿着一次更大的改道。

（2）公元11年至893年（唐景福二年）为黄河从渤海湾南岸入海时期

这一时期开始于王莽始建国三年（11）黄河在魏郡元城（今河北大名东）决口，河水一直泛滥到清河郡以东数郡。复古派王莽和西汉反动儒家田蚡一样，认为河水东流，可以使他在元城的祖坟不受威胁，就听任河水泛滥，不加堵塞[3]，造成了黄河第四次大改道。受害地区的人民遭受了将近六十年的灾难，到东汉明帝永平十二年（69）夏，才动员数十万人工，在中国历史上著名

1 《汉书》卷二九《沟洫志》，第1688页。

2 同上书，第1689—1697页。

3 《汉书》卷九九中《王莽传中》，第4127页。

水利工程家王景的主持下，采用分导、修渠、筑堤、放淤的方法，从荥阳（今县东）至千乘（在今山东高青县东北）海口千有余里，进行大规模的修治，至次年夏天，全部工程告竣[1]。新河道从今濮阳县南与故河分流走漯水河道，东经今范县南，折东北经今莘县南，又与漯水分流，经聊城南、东阿北，折而北流，截漯水而北经陵县南、临邑北，又东至古千乘县北（约今滨县南）入海。由原来西汉大河在今河北境内渤海湾西岸入海，改由在今山东境内渤海湾南岸入海。这就是《水经注》《元和郡县图志》中记载的大河。原来西汉大河下游故道，在此后的历史上称为“大河故渎”，因为改道在王莽时，故又称“王莽河故渎”。

从此以后，直至唐初的五百几十年中，见于记载的黄河下游泛溢仅有四次，东汉一次[2]，曹魏二次，西晋一次，晋末河水冲毁城垣一次[3]，灾情都不很严重。黄河出现了一个与西汉时期迥然不同的基本上长期安流的局面。到唐高宗以后，决溢就逐渐频繁起来，下至景福二年约二百四十多年，共决溢了十余次，其中

---

1 《后汉书》卷二《显宗孝明帝纪》，中华书局1965年点校本，第114、116页；卷七六《王景传》，第2465页。

2 《后汉书》卷七《孝桓帝纪》，第298页。

3 谭其骧:《何以黄河在东汉以后会出现一个长期安流的局面》,《长水集》(下)，人民出版社1987年版，第1—32页。

几次造成的灾情十分严重。例如武周长寿二年（693），河水在棣州一次决口，冲坏民居二千余家[1]。久视元年（700）为分泄下游洪水在德州平原县境（今县）开了一条马颊河，一名新河，在当时大河北岸，流经安德（今陵县）、商河北、阳信南，东流入海，全长约有二百多里，成为唐代黄河下游一支较大的分流，历史上称为唐故大河北支，宋时称为沙河。开元十四年（726）一次在魏州决口，黄水漫溢，怀、卫、郑、滑、汴、濮等州都遭受洪水的灾害，人们“或巢或舟以居”[2]。中唐以后，藩镇连年混战，河堤年久失修，造成河患日趋严重。尤其是河口段河床逐渐淤高，终于出现了景福二年（893）黄河在河口段数十里的改道。

（3）从唐景福二年（893）至南宋建炎元年（1127）为黄河入渤海和入黄海的交替时期

从晚唐开始至北宋末年的近二百四十年的历史里，黄河决溢有明确地点的记载就有140余次，平均每一年多就有一次，其中大的改道有七次。流经的范围北至渤海湾，南顺淮入海，超过以前各个时期。东汉以来的黄河河道，在这个时期保持了约130

---

1 《新唐书》卷三六《五行志三》，第929页。

2 同上书，第931页。

年，流经天津附近入海的有74年，东南流经汴、泗，由淮入海的历8年，并有二支分流渤海湾西岸、南岸入海的历40余年，单股东流入海的有23年，单股北流入海的有33年。这是黄河历史上决溢、改道空前频繁的时代。现根据河患的特点，大体分成两个阶段。

第一，唐景福二年（893）至北宋庆历七年（1047）为第一阶段。

景福二年黄河在河口段发生了数十里的改道，即由原在渤海县（今山东滨县东南）南入海，改由县北入海[1]。这对整个黄河历史而言是微不足道的，但却反映了东汉以后长期安流的局面开始发生了动摇。此后至北宋建国（960）的67年里，即历史上的残唐五代时期，军阀长期混战，黄河下游正是逐鹿中原的地区，黄河的决溢有三十余次之多，平均每二年一次。这一方面固然由于河堤年久失修所致，另一方面则是由于军阀们人为扒开河堤，造成河水泛滥成灾。唐末乾宁三年（896）朱全忠为了保卫在他占领下的滑州城，决堤使河水分成二股，夹滑州城而东，散漫千

1 〔宋〕乐史撰，王文楚等点校：《太平寰宇记》卷六四《河北道十三·滨州·渤海县》，中华书局2007年版，第1315页。

余里[1]。梁贞明四年（918）梁军又曾在杨刘（今东阿）决河水以限唐兵[2]。特别是在龙德三年（923）梁军又在酸枣（今延津）决河使东经曹（菏泽曹县一带）、濮（濮阳、鄄城一带）及于郓州（郓城、巨野、东平一带）以限唐兵。这一次，决口日大，为患滋甚；次年由后唐发兵修筑，塞而复坏；到同光三年（925）才算把酸枣决口塞住[3]。沿河堤岸在连年战争破坏之下，残破不堪，一遇洪水，就溃决成灾。石晋以后，情形日益严重。从天福三年（938）到周显德六年（959）二十一年之间，有十一年闹决口，并且一年之内往往不止决一处。其中如晋开运三年（946）自六月至十月，先后决了十一处[4]；周广顺三年（953）同时存在的决口有八处之多[5]。决流有的阔至七十里，如天福六年（941）从滑

---

1 《新唐书》卷三六《五行志三》，第935页；《旧五代史》卷一《梁书一·太祖朱温本纪一》，中华书局1976年点校本，第17页。

2 〔宋〕司马光编著，〔元〕胡三省音注：《资治通鉴》卷二八五《后晋纪六·齐王下》，中华书局1956年版，第9306页。

3 《旧五代史》卷三二《唐书八·庄宗本纪六》，第445页。〔宋〕司马光编著，〔元〕胡三省音注：《资治通鉴》卷二三《后唐纪二·庄宗光圣神闵孝皇帝中》，第8929页。

4 《新五代史》卷九《晋本纪·出帝重贵》，中华书局1974年点校本，第96页。

5 〔宋〕司马光编著，〔元〕胡三省音注：《资治通鉴》卷二九一《后周纪二·太祖圣神恭肃文武孝皇帝中》，第9500页。

州决向兖州（济宁一带）境内那一次[1]；有的阔至四十里，如开运三年从杨刘向西决入莘县朝城那一次[2]。低洼地区在洪水浸灌之下，往往积水不退，良田变成巨浸，开运元年“滑州河决，漂注曹、单、濮、郓等州之境，环梁山合于汶、济”[3]，决口尽管不久被塞住了，梁山四周的积水从此形成了历史上著名的梁山泊[4]。总计在这二十多年内，决口西起今荥阳、武陟，经原阳、汲县、延津、滑县、濮阳、清丰、阳谷、东阿，东北直到博平、夏津；漫流泛滥所及，除了上述决口所在的孟、怀、郑、卫、滑、澶、魏、郓、博、贝等州的辖境外，又南及汴、曹、单、兖（开封、曹县、单县、济宁一带）等州，东灌齐、淄、棣（济南、高青、惠民、滨县一带）等州，至于海涯。决口后有的隔了许久才筑塞，有的任其漫流。到显德元年（954），才算把当时为患最严重的杨刘至博平一带弥漫数百里的决口塞住，但仍保留了一股

---

1 〔元〕马端临撰：《文献通考》卷二九六《物异考二·水灾》，《景印文渊阁四库全书》第615册，第835页。

2 《旧五代史》卷八四《晋书十·少帝本纪》，第1116页；〔宋〕司马光编著，〔元〕胡三省音注：《资治通鉴》卷二八五《后晋纪六·齐王下》，第9306页。

3 《旧五代史》卷八二《晋书八·少帝本纪》，第1090—1091页。

4 同上书，第1091页。〔宋〕司马光编著，〔元〕胡三省音注：《资治通鉴》卷二八四《后晋纪五·齐王中》，第9273页。

决河不复故道，从杨刘决出，东北流经唐大河之北，在棣、滨之北入海，名为赤河，成为黄河下游一大岔流，长约数百里，保持了约九十年，造成了黄河历史上第五次大改道。

北宋政权虽然统一了南北，结束了军阀混战的局面，但黄河由于自唐末以来几十年连续的决溢和战争的破坏，所以在北宋建国以后，黄河下游各阶段决口和泛溢的次数及其成灾程度，甚至超过五代。据粗略统计，从建隆元年（960）至庆历八年（1048）的88年内，单是有明确决口地点的约共60次，滑、澶一带占25次，怀、卫、汴、郑一带占12次，河口段棣、滨共4次，澶州以下的大名、濮、郓、博、德、齐等州共19次。这一系列的决口泛滥，虽然随决随塞，但总的趋势是黄河干流已不能稳定于原来在渤海湾南岸入海的旧道。如淳化四年（993）在澶州决口[1]、大中祥符四年（1011）在通利军（今黎阳）决口[2]都是北流合御河于天津入海；太平兴国八年（983）河决滑州[3]、咸平三年（1000）河决郓州王陵埽[4]，都是东南流入淮泗，受灾面积都很大。最后终于在天禧三年（1019）六月在滑州城西北天台山

---

1 《宋史》卷三《太祖本纪三》，第44页。

2 《宋史》卷八《真宗本纪三》，第150页。

3 《宋史》卷九一《河渠志一》，第2259页。

4 同上书，第2260页。

旁决口，旋又溃决于城西南岸，决口阔七百步，河水经澶、濮、曹、郓等地注入梁山泊，东南流入泗水、淮河，受灾的州县有三十二个[1]。次年二月河塞，六月复决，决流一股东南由泗入淮，一股由济入海，漫流七年，至天圣五年（1027）发动了近六万人，费钱五十万，才将滑州决口堵住。因为工程近天台山，故称天台埽[2]。自此以后，宋一代黄河决口重点从滑、澶一带下移至澶州、大名一带。

天台决口虽然塞住，但由于流经近千年的大河，河床已淤高，唐末以来的不断决口就是这情况的反映，五代末年下游又多了赤河的分流，河水流速减弱，泥沙沉积加速，兼之在天台决口的七年内下游堤防失修，故而就在堵塞决口后的第二年［天圣六年（1028）］八月，黄河又在澶州王楚埽（州西南）决口[3]，不久决口即塞。过了六年，景祐元年（1034）黄河又在澶州横陇埽（今濮阳东）决口[4]，干流东北改道流经京东故道（即唐大河）之北入海。下游还有几股岔流，由赤、金、游三河，于棣、滨二州之北入海，就是历史上所谓横陇故道，这是黄河历史上第六次大

1 《宋史》卷九一《河渠志一》，第2263页。

2 同上书，第2266页。

3 同上书，第2267页。

4 同上。

改道。从此，大河离开了东汉以来流经了千年之久的河道（即宋代京东故道），再也没有恢复过。

横陇河道行水十四年，“河未为患”［欧阳修语。实际上曾有康定元年（1040）一次在滑州决口］[1]，而下游泥沙淤积的速度是惊人的。当庆历三、四年（1043、1044）时，“自海口先淤，凡一百四十余里；其后游、金、赤三河相次又淤”，横陇道继京东故道也成了河水已弃之高地[2]，河流再度改道，遂成为必然之势。

第二，庆历八年（1048）至建炎元年（1127）为第二阶段。

这 79 年中，据粗略统计，黄河决溢泛涨共有 49 次，决口的地点以澶州、大名府两地为最多。澶州境内决口 11 次，大名府境内决口 13 次，共 24 次。大名以下冀、瀛、沧三州之地占 11 次，澶州以上的郑、卫等州也有决溢。与前一阶段相比，决口逐渐向下移动和决口后改流新河道的存流时间较长是本阶段河患的特点。

庆历八年六月，河决澶州商胡埽（今濮阳东北），决口广五百五十七步。次年三月，决河北流经大名（治今大名）、恩

1 〔宋〕欧阳修:《欧阳文忠公奏议》卷一三《翰苑》，四部丛刊景元刻本。

2 《宋史》卷九一《河渠志一》，第 2270—2271 页。

（治今清河）、冀（治今冀县）、深（治今深县南）、瀛（治今河间）、永静（治今东光）等府、州、军，东北至乾宁军（今青县）合御河入海[1]，这是宋代黄河北流向渤海湾西岸入海的开始，是历史上黄河的第七次大改道。这条河道行水二十一年。

商胡决口，河改北流后，在统治阶级内部产生了挽河回复京东故道或回复横陇故道，和反对复故道的争论。结果在宰相富弼支持下，采用了河渠司李仲昌回复横陇故道的主张。至和二年（1055）开始于今清丰县西南三十里六塔渠开凿一条六塔河东南接通横陇旧河。第二年（嘉祐元年）四月渠成，塞商胡，引水入六塔河。由于当时大河阔二百步，六塔河才四十余步[2]，不能容纳，当天晚上即行溃决，大河自引复商胡故道，溺死兵夫数以万计。嘉祐五年（1060），大河又在商胡口以下大名府魏县第六埽（今南乐县西）决口，分出一支岔流，宽200尺，东北流130里，至魏（即大名府）、恩、博（治今聊城）、德（治今陵县）等州境内走四界首河，大致即西汉大河，下接汉代的笃马河（约今马颊

---

1 《宋史》卷九一《河渠志一》，第2267页。

2 〔宋〕李焘撰：《续资治通鉴长编》卷一八二《仁宗》“嘉祐元年十月壬子”条，中华书局1995年版，第4400页。

河），经沧州的乐陵、无棣入海（疑西汉大河流经魏郡、清河、平原、东郡四郡界上，故称）[1]，历史上称为二股河，也就是宋代的黄河东流。自此，黄河在大名府南魏县第六埽分成二派：北流经恩、冀、深、瀛至乾宁军合永济渠，又北合界河东流经沧州北宋辽边界（今天津海河）入海；东流由府东北经恩、德至沧州南境（约在今冀鲁交界处）入海。是为历史上黄河第八次大改道。

黄河分成二派后，仍然连年不断决口，尤其集中在澶州、大名境内。宋代统治阶级内部大都主张将大河固定在东流上。因为一则大河北流合永济渠，浑浊的泥河既阻碍了漕运，又加速了宋辽边界线上塘泊的淤浅；二则是北宋王朝企图以大河作为北方的屏障，想大河北流伸入契丹境内，契丹跨有大河南岸之地，失“南北之限”[2]。但又考虑到六塔河的教训，不敢轻易从事，故先在二股河口修筑土约（一种挑水坝），逼水东向。熙宁二年（1069）八月乘东流通快、北流浅水时，就将北流塞住，而黄河又在塞口南四十里许家港东决，泛滥于北流、东流之间的大名、恩、德、沧、永静五州军境[3]。其后虽采取了多种措施竭力维持

1 《宋史》卷九一《河渠志一》，第 2273 页。

2 同上书，第 2277 页。

3 同上书，第 2278 页。

东流，而东流还是连年决口。到了熙宁十年（1077）七月，先在上游怀、卫、滑境内连续漫溢，终于在澶州曹村埽（今濮阳西）大决，全河东南流，汇入梁山（泊）、张泽泺，分为南、北二派，南派由泗水（南清河）入淮，北派走北清河入海；泛滥45个郡县，淹没良田三十余万顷，破坏民居三十八万家[1]。次年四月塞决口，河复东流行二股河。元丰四年（1081）四月河又决于澶州小吴埽（濮阳东），刷出一条北流的新道，自澶州北注御河，大致是在小吴埽北决，走王莽河故渎[2]，再入永济渠（即汉屯氏故渎），经馆陶、浅口、永济、临清、宗城、清河（恩州治），再流经永济渠西，经南宫、信都（冀州城）、阜城，又会永济，经南皮、乾宁军入海。东流断流，又恢复了嘉祐五年以前单股北流的局面，是为黄河历史上第九次大改道，行水十二年。

黄河会御河北流后，不仅沿河决口频繁，干流也时常在西至漳水、东至御河的地区内东西摆动，加深了冀中平原地区的灾情。又每遇夏秋霖雨，小吴之北大河东岸的孙村由于地势低下，往往有涨水东出。于是从元丰八年（1085）哲宗即位后起，回

---

1 〔宋〕李焘撰：《续资治通鉴长编》卷二八三“仁宗熙宁十年七月甲戌”条，第6940页。

2 《宋史》卷九二《河渠志二》，第2286页。

河东流和开减水河分水之议又起[1]。朝臣持异议者尽管不少，终于因宰执大臣和河臣力主东流，元祐八年（1093）五月在梁村（今清丰县西南）置上下约，壅水东流，结果河水大决于今清丰、内黄一带，北流因淤遂断[2]。第二年［绍圣元年（1094）］筑堤七十里为障北流，使全河回复东流。但是北流还未完全堵住，涨水之时犹有三分水[3]，同年冬十月和次年［绍圣二年（1095）］七月都有大河北流的记载[4]。但仅过了五年，到元符二年（1099）六月，河决内黄口[5]，大河正流又归北流，冲出一条新道，经今大名、馆陶、南宫、冀县、枣强、衡水、武强、武邑、献县至青县合永济渠，至天津湾入海，是为历史上黄河第十次大改道。从这条北流新道的形成至北宋亡国的二十八年内，决溢之患稍减，但大观二年（1108）大河干流曾西决走漳河道，决入邢州，整个巨鹿县全被淹没，县治迁移[6]；政和七年（1117）一次沧州决口，

---

1 《宋史》卷九二《河渠志二》，第2288页。

2 《宋史》卷九三《河渠志三》，第2305页。

3 同上书，第2307页。

4 《宋史》卷一八《哲宗本纪二》，第341页；卷九三《河渠志三》，第2307页。

5 《宋史》卷九三《河渠志三》，第2309页；卷六一《五行志一》，第1328页。

6 《宋史》卷六一《五行志一》，第1328页。

淹死百余万人[1]。靖康以后，金人南侵，北宋节节败退，高宗赵构政权忙于南迁，更无暇顾及黄河的治理了。

（4）从建炎二年（1128）至明万历六年（1578）为黄河数支并存、迭为主次、汇淮入海时期

建炎二年冬，宋王朝在河北、山东地区节节败退之后，东京（开封）留守杜充"决黄河，自泗入淮"[2]，企图利用黄河洪水阻止继续南下的金兵。结果并没有能够挽救北宋灭亡的命运，却使大河由东北入海改由东南入淮，造成了黄河历史上第十一次大改道。此前大河旧道自汲县东流经李固渡（在今滑县西南沙店集南三里许），后东北流经浚、滑之间，又东北经濮阳然后北流或东流，新道改由李固渡东经今东明、鄄城、菏泽、巨野一带入泗，由泗入淮。另有一股岔流决入梁山泊，由北清河分流入海[3]。这是黄河离开河北平原的开始。在以后的数十年中，"或决或塞，迁徙无定"[4]。决口的地点逐渐西移，集中在滑城以西至阳武一

---

1 《宋史》卷六一《五行志一》，第1329页。

2 《宋史》卷二五《高宗本纪二》，第459页。

3 山东省郓城县史志编纂委员会编：《郓城县志》，齐鲁书社1992年版，第81页。

4 《金史》卷二七《河渠志》，中华书局1975年点校本，第669页。

带。决口后的洪水几度泛滥于北至寿张、南至单县的鲁西南三角地带。巨野、郓城、寿张等县城都曾被洪水所冲毁[1]。杜充决河后的四十年，大定八年（1168）六月，大河又在李固渡决口，冲出一道新河，淹没了曹州城（在今曹县西北六十里），新河夺全流十分之六，分流于今单县一带，下流经砀山、萧县，于徐州入泗汇淮，泗河只占水流的十分之四，出现了“两河分流”的局面[2]。这是黄河历史上第十二次大改道。当时金朝统治集团害怕组织民工治河，容易使南宋乘机北进，故未加治理，听任两河分流。而仅在李固渡南面筑堤，以防洪水再度在此决口。

大定十一年（1171）河决原武王村（今原阳县旧原武西王村），河势渐趋东南。接着黄河有过一系列事件，如十二年（1172）自河阴广武山至东明筑堤，十七年（1177）河决阳武白沟，十八年（1178）在开封陈桥镇至潘岗筑四十里黄河大堤，廿年（1180）大河又在卫州（治今汲县）及延津决口，河水弥漫至归德府（今商丘、宁陵、夏邑一带），并从卫州筑堤至归德府，二十七年（1187）大河又在曹、濮间决口，同年又规定沿河南

1 《金史》卷二五《地理志中》，第614页。
2 《金史》卷二七《河渠志》，第670页；卷七一《宗叙传》，第1645页。

京、归德等四府十六州四十四县的地方官，都兼管河防事[1]。根据以上一系列的记载，可知大定十一年至二十七年的十六年内黄河流经新乡、阳武之间后，形成三条泛道：正道经延津、胙城、长垣、东明（今东明集）之北，定陶、单县之南，下经虞城、砀山之北，走古汴河，经萧县、徐州入泗（这与《金史·河渠志》卷首载沿河二十五埽，六埽在河南，十九在河北正合。末尾又云“此备河之恒制也”，盖《金史》所载金代制度往往以大定末为准）[2]；北面一支岔流由李固渡东北流经白马（今滑县）、濮阳、鄄城、郓城之北、嘉祥之南入泗，至徐州与正流合；南面一支岔流由延津西分出，经封丘、开封、陈桥镇、陈留潘岗，下接杞县、襄邑（今睢县）、宁陵、宋城（今商丘县）的汴河故道，宋城以下当由东北趋虞城与正流合。三支先后汇合走泗水，东南流入淮河，由淮入海，形成了黄河历史上第十三次大改道，也是历史上全河入淮的第一次。四十四县中无北清河沿岸的县，《金史·食货志》大定二十一年（1181）黄河已移动故道，梁山泺退地甚广，二十二年（1182）招民于梁山泺屯田[3]，都是河水不注

1 《金史》卷二七《河渠志》，第671、672—673页。
2 同上书，第670—671页。
3 《金史》卷四七《食货志二》，第1048页。

入梁山泺，不经北清河入海的证明。

此后不到十年，明昌五年（1194）八月“河决阳武故堤，灌封丘而东”，“水势趋南”[1]。这次决口的地点光禄村[2]据今人考察即今原阳西北十二公里任庄东南五六百米的王屯[3]，改道后的河水由此东流经阳武（今原阳）北，进入封丘县境，经中滦镇北、封丘城南[4]，又东经长垣县南（胙城、长垣二县本隶南岸开封府，以河徙县南，泰和八年改隶北岸的卫州、开州[5]），此下大致与大定末年的河流正道相同（胡渭《禹贡锥指》以南宋人朱熹、金履祥之说为据，认为这次决河东北注入梁山泊，分流由南清河入淮，北清河入海，列为历史上黄河六次大改道中的一次[6]，那是错误的）。在此以后，兴定（1217）以前，流经楚丘县（今曹县）北一段，又改经县南（此县本隶南岸归德府，兴定元年以限

---

1 《金史》卷二七《河渠志》，第678页。

2 同上书，第679页。

3 地理所《历史时期封丘县古河道》油印本。

4 〔元〕杨奂撰：《还山遗稿》附录《程夫人墓碑》，适园丛书本。《金史》卷一〇八《侯挚传》，第2389页。

5 《金史》卷二五《地理志中》，第608页；卷二八《地理志下》，第629页。

6 〔清〕胡渭撰：《禹贡锥指》卷一三下《附论历代徙流》，《景印文渊阁四库全书》第67册，第693页。

河不便改隶北岸单州[1]）。兴定以后，楚丘以下一段继续向南移动，虞城、砀山二县县城先后为水荡没，二县建制遂归撤销。直到元宪宗时，才恢复设县，但隶属关系则不再隶于河南的归德府，而改隶河北的东平路[2]，可见河道已移在二县之南。贞祐二年（1214）迁都开封后，当时以黄河作为抵御蒙古南侵的防线，曾有人建议决河北流走北宋故道入海，借以扩大河南地面，但朝议深恐北流分为数股，水浅易渡，于备御无补而罢[3]，从此黄河东南入淮的大势，遂成定局。

进入元朝以后，空前黑暗的政治统治和残酷的经济压榨，造成黄河流域社会生产的严重破坏，黄河决溢泛滥的次数和成灾的程度也更甚于金朝。在九十余年时间内，据粗略统计，有明确决溢地点的就有七十余处，有时一次几十处同时决口，如以决口的处所计算，总计有100余处次之多。元朝初年缺乏记载。至元九年（1272）黄河在新乡县境决口，流经的详情也不清楚。现在从至元二十三年（1286）十月黄河在原武、阳武、中牟、延津、开封、祥符、杞县、睢州、陈留、通许、太康、尉氏、洧川、鄢

---

1 《金史》卷二五《地理志中》，第591页。

2 《元史》卷五八《地理志一》，中华书局1976年点校本，第1367页。

3 《金史》卷二七《河渠志》，第681页。

陵、扶沟等十五处决口地点来看[1]，当时的黄河在阳武、原武之间东流，经延津、开封，除了走汴河故道即金大定末年三道中的南道一支由汴入泗外，另外又分为二支：一支在中牟境内折而南流，经尉氏、洧川、鄢陵、扶沟等县入颍水，由颍入淮；一支在开封境内折而南流，经陈留、通许、太康，大致走宋代的蔡河，由涡水入淮。元朝政府调动了二十万民夫，堵塞决口，分筑堤防，黄河开始了同时走汴、泗、涡、颍分道入淮的历史，这是历史上黄河第十四次大改道[2]。

自此以后，黄河在三条分支上连年都有决口，至元二十四年（1287）、二十五年（1288）、二十七年（1290）、元贞二年（1296）、大德元年（1297）河水在阳武、开封、祥符、封丘、杞县、通许、太康、襄邑、宁陵等地决口，漂没稼禾，淹没民屋；

---

1 《元史》卷一四《世祖本纪十一》，第 292 页。

2 胡渭以为元前期黄河由涡入淮，泰定以后始行汴道，是没有全面分析当时的史料。岑仲勉以为元初大河在中滦镇折南由涡、颍入淮，并认为杞县是入涡一支必经之路（参见岑仲勉：《黄河变迁史》，人民出版社 1957 年版，第 433 页）。据《元史·成宗纪》，元贞二年（1296）河决宁陵、襄邑，大德元年归德、徐州、宿迁等县河水大溢（又见《元史》卷五〇《五行志一》，第 1052、1053 页）。大德元年（1297）七月河决杞县蒲口，尚文建言归德、徐、邳民避冲溃，听从其便。足证当时汴河泛道仍然存在。杞县决口应是在汴道上（《元史》卷一七〇《尚文传》，第 3987 页）。

入涡、入颍水两支沿岸陈（淮阳）、颍（阜阳）二州受灾尤为严重[1]。走汴道的一支黄河，元初以来沿岸堤防已经破残不堪，如陈留至睢州万余里间，南岸决口有十一处之多[2]。大德元、二、三年（1297—1299）杞县、蒲口（城西北四十里）连年溃决，下灌归德一带，“塞河之役，无岁无之”[3]。杞县城曾一度被河水冲毁，于城北二里别筑新城，旋又修复旧城，河水在城西蒲口分成三支，正流经新老二城之间，北支经新城之北行睢城故道，南支走老城之南，经太康注入涡河，俗称三汊口；不久，南北二汊被塞，“三河之水，合而为一”，下流不畅，又上溢为灾；又由于南岸地势较北岸为高，所以到了至大年间（1308—1311），河势遂有北趋曹、濮、济、郓，“复巨野、梁山之意”[4]。但由于北决则势必阻塞会通河漕运，当时统治者的治河方案总是在南岸多开水

---

1 《元史》卷一五《世祖本纪十二》，第312页；卷一六《世祖本纪十三》，第342页；卷一九《成宗本纪二》，第406页；卷五〇《五行志一》，第1052、1053页；卷六五《河渠志二》，第1620页。

2 《元史》卷一七〇《尚文传》，第3987页。

3 《元史》卷一九《成宗本纪二》，第412页；卷五〇《五行志》，第1053页；卷六五《河渠志二》，第1619页；卷一七〇《尚文传》，第3987页。

4 《元史》卷五九《地理志二》，第1402页；卷六五《河渠志二》，第1620页；卷一七〇《尚文传》，第3987页。

口，使洪水分别泄入颍、涡、汴诸道，汇归淮泗，因此至大以后十余年间，见于记载的河流决口地点，仍然都在汴道以南、颍道以东[1]，可见河势基本上仍然维持着至元以来的三道未变。可是到了泰定（1324）以后，终于在汴道以北又出现了至少一条，可能还不止一条新道，以致濮阳、汲县、长垣、东明、济阴（今菏泽）、成武、定陶等县，先后都成了黄河决口地点或修筑河堤地点[2]。这条新道实际上很可能就是金大定明昌间的黄河正流故道，因为这条故道正是流经汲县、长垣、东明、济阴、成武、定陶的。但这条故道不经濮阳，所以可能是除了恢复这条金故道外，又有从汲县分出一股东北流向白马（滑）、濮阳，那就是部分恢复北宋的故道了。

从前至元到后至元半个多世纪的记载看来，虽然初期有时正流走颍、涡，后期又出现了汴北的新道，不过经常的情况始终以汴道为正流。到至正初年河势继续北侵，才突破旧态，出现了真正“复巨野、梁山之意”的新局面。至正三年（1343）五月河决

---

1 《元史》卷二三《武宗本纪二》，第512页；卷五〇《五行志》，第1054页；卷六五《河渠志二》，第1620页。

2 《元史》卷二九《泰定帝本纪一》，第649页；卷五〇《五行志》，第1056、1058页；卷六五《河渠志二》，第1624页。

曹州白茅口（今曹县西北白茅集）[1]；四年（1344）正月河又决曹州[2]；五月连续大雨二十余天，河水暴涨，北决白茅堤，六月又决金堤，北岸虞城、砀山、丰、沛和今鲁西南所有州县直至会通河东岸的任城（今济宁）、汶上等处，皆遭水患，水势北侵安山（今山东梁山东北）一带，沿会通河和北清河道，泛滥于北清河沿岸济南、河间两路所属州县[3]，造成了极为严重的灾害。

白茅堤溃决后，连年决溢，甚至把济阴县（今菏泽）、济宁路（今巨野）两处城邑都漂没殆尽[4]。至正九年（1349），元朝才决意兴工防治。十一年（1351）四月，征集民工十五万、戍卒二万，以贾鲁为总治河防使，主持全部工程。贾鲁的治河策略是“疏塞并举”：先疏浚由汴入泗故道，然后筑塞决口，缮治两岸堤防。“七月疏凿成，八月决水故河，九月舟楫通行，十一月水土工毕。”所谓水土工毕，即最关紧要的白茅决口即黄陵冈缺口合龙成功，决河绝流[5]。疏凿工程计自白茅口南黄陵冈南麓起，辟生地十里至南

---

1 《元史》卷四一《顺帝本纪四》，第 868 页；卷五一《五行志二》，第 1094 页。

2 《元史》卷四一《顺帝本纪四》，第 869 页。

3 《元史》卷六六《河渠志三》，第 1645 页。

4 《元史》卷四一《顺帝本纪四》，第 872 页；卷五一《五行志二》，第 1095 页。

5 《元史》卷六六《河渠志三》，第 1646 页。

白茅，又十里至刘庄村（今曹县西北刘庄集），自刘庄浚故道一百零二里二百八十步至专固（曹县南四十里）。又辟生地八里至黄固，又浚故道五十一里八十步至归德府哈只口（商丘县西北二十里邓斌口之东），共一百八十二里；下接凹里减水河，开凹里生地三里四十步，浚旧河八十二里五十四步至张赞店，辟生地十三里至杨青村接入故道，共九十八里百五十四步；总凡二百八十里百五十四步[1]。杨青村以下，东至徐州，仍用故道，未加疏凿，只修补了若干堤防上的缺口。具体线路大致为自白茅黄陵冈以下经今鲁豫界、商丘县北、虞城县（马牧集）北、夏邑县东韩道口（北接砀山县境）、萧县西赵家圈南、萧县城北十里旧城北，东出徐州城北小浮桥与泗水会合[2]。后世通称这一段河道为贾鲁河。

贾鲁河工程虽然辟生地为河身四十余里，又改用原来旧减水河为正道八十余里，但工程只是恢复白茅决口以前黄河主流自白茅以下由汴入泗故道，白茅以上既非此次工程所及，因而以汴为主同时在开封以上存在着向南北分流的岔流的基本格局未变。特别是泰定以来出现于正流以北的那股岔流，流势甚旺，从这次

1 《元史》卷六六《河渠志二》，第1647—1648页。

2 〔明〕潘季驯撰：《河防一览》卷二《河议辨惑》，《景印文渊阁四库全书》第576册，第180页。武同举纂述：《淮系年表》第七期《元》，出版者不详，1926年，第31—33页。

治河工程告成到元亡以前十多年时间内，所有见于记载的黄河下游决溢，都集中在这股道上，并逐步往下游扩展：至正十四年（1354）溢金乡鱼台[1]；十九年（1359）决任城[2]；二十二年（1362）决范阳县[3]；二十三年（1363）决寿张[4]；二十五年（1365）决须城（今东平）、东阿、平阴；到二十六年（1366），甚至发展到正流"北徙，上自东明、曹、濮，下及济宁，皆被其害"[5]的局面。还没有来得及治理，元朝就在农民起义的烽火中覆灭了。

从明初到万历六年（1578）的二百年中，据粗略统计，黄河的决溢泛滥大约有 120 余次，较大的改道就有五次。决口的地点开始时以原武、阳武、开封一带为最多，以后逐步下移至丰、单、徐、邳，以及桃源、清河一带。决口后的黄河往往分成数支，以辐射的形式流向今新乡、汲县、滑县、濮阳一线以南，颍水以东的豫东、鲁西南、皖北和苏北的广大地区，河流徙决不常，改道极为混乱，时而东北冲入运河，时而走汴，时而走涡，时而走颍，时而走睢，有时三四支、五六支并存，迭为主次。有

1 《元史》卷一九八《史彦斌传》，第 4468 页。
2 《元史》卷五一《五行志二》，第 1096 页。
3 《元史》卷四六《顺帝本纪九》，第 960 页。
4 《元史》卷五一《五行志二》，第 1096 页。
5 同上。

明一代，尤其是永乐以后，治河有二个原则：一是保护南北大运河的航行，一是保护皇陵（今凤阳）和祖陵（在今泗洪县境，已沦入洪泽湖中）。因此往往推行违反自然规律的治河方针，遂至加重下游的决溢改道，造成河道极为紊乱的现象。

明洪武元年（1368）河决曹州双河口（今菏泽县东北双河集），东南入鱼台[1]。六年，河水自济河溃商河武定境南；七年，河溢巨野[2]，此时的黄河正流应即元末至正二十六年"河北徙"所形成的那条河道。但这条贾鲁河以北的河道成为黄河正流大致只是元明之际八九年间的事，自洪武八年（1375）正月河决开封太黄寺挟颍入淮后至二十四年（1391）三月十六年内，决口地点二十多处，大多数都在荥泽、原武、阳武、中牟、祥符、封丘、陈留、兰阳、仪封、归德一线上，也有在此线之南的杞县、睢州、宁陵、西华、项城[3]的，可见黄河又恢复了以自原武东下贾鲁河为正流，又不时自南岸决入颍涡等水的局面。二十四年四月，河水暴涨，在原武黑洋山（今原阳县西北）决口，正流经开

---

1 《明史》卷八三《河渠志一》，中华书局1974年点校本，第2013页。

2 嘉靖《山东通志》卷三九《灾祥》，明嘉靖刻本，第26页。

3 《明史》卷八三《河渠志一》，第2013—2014页。〔清〕顾炎武撰：《天下郡国利病书》卷一《舆地山川总论》，清光绪五年刻本。〔清〕傅泽洪：《行水金鉴》卷一八《河水》，清雍正三年刻本，第5页。

封城北五里，折而南流，大致走宋代的蔡河，经陈州入颍水，至寿州正阳镇入淮，称为“大黄河”。贾鲁河故道水流微弱，称为“小黄河”。另有一派（疑即元末明初流经曹濮一股的残余）由曹州郓城两河口东北漫流入东平的安山（今梁山县北），淤浅了山东运河[1]。金大定以来黄河下游分成几股，以由泗入淮为主流、为常流之局面至此结束，成为黄河历史上第十五次大改道。

这次改道以后，黄河并未有短期安宁。就在第二年［洪武二十五年（1392）］黄河又在阳武决口，泛封丘以南西起原武、中牟，东至兰阳、杞县，南至扶沟、太康、陈州十一州县。洪武三十年（1397）和永乐八年（1410），开封城两次为决河所坏，造成严重损失。永乐九年（1411）兴工修治元末以来尤其是洪武二十四年为黄河冲淤的会通河，同年又发民丁十万，浚复祥符鱼王口至中滦下二十余里一段旧黄河，使黄河从封丘金龙循元末明初决入运河的故道，下注鱼台南塌场口，会合正在修复的会通河，经徐、邳入淮。黄河水汇入运河，使塌场口以下漕道大通，但这只是增辟了一条黄河分流，当时的正流仍为由颍入淮。至永乐十四年（1416），黄河又在开封大决，洪水泛滥十四个州县，

1　《明史》卷八三《河渠志一》，第 2014 页。

正流折南走涡河至怀远入淮[1]，是为黄河历史上第十五次大改道。从此以后，直至正统十三、十四年（1448、1449），黄河几乎无岁不决，在东北流入会通河、东南走贾鲁河以及南流入颍的几支分流沿岸的几十个县到处决口。又由于大运河水源不足，自宣德中至正统初，曾多次人工疏浚自封丘金龙口东北趋张秋（今阳谷县东南）、沙湾（张秋南十二里，今范县境）的黄河故道以接济安山以北的会通河，并疏浚自开封东抵黄陵冈（今兰考东北）下接贾鲁河，和自归德凤池口经睢水，自开封太黄寺经巴河诸道以接济徐州以下的运道[2]。正统二年（1437）以后，河势北移山东、徐州，南流微弱，入颍一道绝流[3]。至十三年（1448）夏秋两次大决，河势又大变：一决荥泽孙家渡口（今郑州东北），正流经中牟开封之南，又经尉氏、扶沟、西华、商水、项城等州县由颍入淮，分流自开封城南东经陈留、杞县，南流经睢州、亳州由涡入淮；一决新乡八柳树口（今县西南四十里），从原武黑洋山后

---

1 《明史》卷八三《河渠志一》，第 2014—2015 页。

2 武同举纂述：《淮系年表》第八期《明一》，第 29—30 页。沈怡、赵世暹、郑道隆：《黄河年表》第五表，军事委员会资源委员会 1935 年版，第 82—85 页。

3 〔清〕傅泽洪：《行水金鉴》卷一八《河水》，第 18 页。武同举纂述：《淮系年表》第八期《明一》，第 25 页。

东经阳武、延津、封丘陈桥，东北漫流曹州、濮州、东昌，至阳谷张秋冲入运河，坏沙湾运堤，黄水由大洪口合大清河入海[1]。

原来从金龙江东出徐州的小黄河水流浅涩，徐州以南经由徐州、吕梁二洪的运道因而胶阻；沙湾以南会通河水源被挟由大清河入海，沙湾以北、临清以南的运河也因而淤塞。这是黄河历史上第十六次大改道。前面已经讲过，明代治河的第一条原则是保持运道的畅通，因此在正统十三年改道以后，治河的主要措施有二：一是筑塞沙湾决口，二是引黄河水接济运道浅阻处。后者至景泰二年（1451）由于疏浚了由黑洋山东南至徐州的“小黄河”而基本上得到了解决（五年，黑洋山旧道淤，又改挑一河以接旧道），而前者则由于沙湾一带“地土皆沙，易致坍决”[2]，开始时主持河工的大臣既“不敢尽塞”，朝廷上有的儒生甚至鼓吹天命论，认为筑塞沙湾“非人力可为，宜设斋醮符咒以禳之”[3]。从景泰三年至四年（1452—1453），筑塞了三次，三次都不久又决。

景泰四年冬命徐有贞治河，他治河的重点还是放在运河上。

1 《明史》卷八三《河渠志一》，第 2015—2016 页。〔清〕傅泽洪：《行水金鉴》卷一八《河水》，第 17 页；卷一九《河水》，第 1—8 页。〔清〕顾炎武撰：《天下郡国利病书》卷五〇《河南一》。武同举纂述：《淮系年表》第八期《明一》，第 29—30 页。

2 《明史》卷八三《河渠志一》，第 2018 页。

3 同上书，第 2016—2017 页。

首先是开黄河分水渠，从张秋西南经范、濮、澶渊（在今浚县）西接河沁交会的黄河，名为广济渠，其东段大致即今豫鲁交界的金堤河。渠成而黄河水不再东冲沙湾，变为北出济运，又疏浚运河自沙湾北至临清，南抵济宁，建减水闸，遇涨则泄水由古河入海。积水既平，沙湾遂塞，景泰六年（1455）七月功成，鲁西南田出沮洳者数十万顷，水患平息，运道复通，大河正流南趋涡颍，而以涡河为主[1]。但是开封府附近一带仍然十分吃紧，景泰末天顺初连年溃溢，天顺五年（1461）七月、成化十四年（1478）九月河水两次冲入开封城，官廨民居，损失过半，死者不可胜计[2]。成化十四年七月和十五年（1479）两次在延津决口，河道遂自县北迁县南出封丘[3]，至弘治二年（1489）五月黄河在开封上下、南北多处决口，决后大河又向南、北分成数支。北决占全河十分之七，南决占全河十分之三。南决自中牟至祥符界分为二支：一支经尉氏，东南由颍水入淮（正统十三年自荥泽孙家渡口决出一道，至此淤废[4]）；一支流经通许等县，由涡河入淮，另外一支东出归德

---

1 《明史》卷八三《河渠志一》，第2019页。〔清〕傅泽洪：《行水金鉴》卷一九《河水》，第7—8页；卷一〇五《运河水》，第11页。

2 〔清〕傅泽洪：《行水金鉴》卷一九《河水》，第9、14页。

3 同上书，第14、15页。

4 〔明〕刘天和撰：《问水集》卷二《运河》，《四库全书存目丛书》史部第221册，齐鲁书社1996年版，第262页。

州，南流至亳县，也注入涡河。北决正流由原武东经阳武、祥符、封丘、兰阳、仪封、考城（今桃花峪至铜瓦厢一段河道，大致即形成于此时），东出趋徐州；又自金龙口泛长垣、曹、濮。冲入张秋运河，自归德决出一支漫流至于宿州。同年冬，冲向张秋的金龙等口因水消沙积淤塞。这是黄河历史上第十七次大改道。

这次改道以后，在黄河历史上比较有影响的是由白昂和刘大夏主持的两次治河。白昂于弘治三年（1490）主持治河，工程的要点一是从阳武经封丘、祥符、兰阳至仪封在黄河北岸筑一道长堤，防止河水北决冲入张秋运河。二是引南流由中牟县北阳桥经尉氏走颍水入淮。三是修筑堤防，疏浚东下徐州的古汴河，又疏浚自归德饮马池经符离桥至宿迁的睢河，分由河入汴的部分黄水由汴入睢，由睢至宿迁小河口会泗。同时又在南起鱼台、北至兴济沿运河修复古堤，增开减水河。这是一次以疏浚为主而与修防、筑塞、挑洪相结合的对黄河与运道的综合治理[1]。功成，“水患稍宁”，但第二年即有兰阳之决，又明年即大决于金龙口、黄陵冈、兰阳铜瓦厢等处，分数道北犯张秋及戴庙（今梁山县北），夺汶水以入海，入淮诸道一时

---

1 〔清〕傅泽洪：《行水金鉴》卷二〇《河水》，第4—6页。

淤废[1]。六年（1493），命刘大夏治河。他的治河方针基本上与白昂相同，先在张秋决口西南开越河三里许，使粮船可通。接着疏浚仪封黄陵冈南贾鲁旧河四十余里，使河水东出曹州、徐州，分杀北流水势。又从荥泽孙家渡口凿新河七十里，导河南行由中牟下颍水入淮；再浚祥符四府营淤河，由陈留至归德，分为二支：一支走睢河至宿迁小河口入运，一支南流至亳县入涡（这支在弘治二年决通，六年时已淤[2]）。然后堵塞张秋决口，以七年（1494）冬功成，改张秋镇名为安平镇，暂时保证了北经东昌至天津运河的畅通。八年（1495），又塞黄陵冈及荆隆（即金龙）等口七处，又在大河正流的北岸，从胙城，历滑县、长垣、东明、曹州、曹县，抵虞城县界[3]筑一道长堤，长三百六十里，

---

1 〔明〕潘季驯撰：《河防一览》卷五《河决考》，《景印文渊阁四库全书》第576册，第214页；《明史》卷八三《河渠志一》，第2021—2022页。〔清〕傅泽洪：《行水金鉴》卷二〇《河水》，第6页。

2 〔清〕傅泽洪：《行水金鉴》卷二〇《河水》，第7—11页。

3 《明实录》《河渠志》《河防一览·河防险要》作"自河南以至砀沛"，《治河方略》卷三堤工，太行堤自河南武陟至砀山。见《明孝宗实录》卷九七"弘治八年二月己卯"条，台北"中研院"历史语言研究所1962年版，第1786—1787页。《明史》卷八三《河渠志一》，第2024页。〔明〕潘季驯撰：《河防一览》卷三《河防险要》，《景印文渊阁四库全书》第576册，第193页。〔清〕靳辅撰，〔清〕崔应阶辑：《治河方略》卷三《治纪下·堤工·太行堤》，中国水利工程学会1937年版，第113—114页。

称为太行堤。又从于家店（今荆隆口西十三里于店）经荆隆口、铜瓦厢、陈桥抵小宋集（今兰考县东北宋集），筑一道一百六十里内堤。大小二堤相辅，力图使黄河不致北决入运，而在黄河南岸全不筑堤。这就是明代治河重点在于护运的具体表现，当时治河的准则，就是从“国家之计，漕河为重”出发，而“河既中决，运渠干浅，京储不继，事莫急焉”，所以治河目的，务必“使粮运通行，不致过期”[1]。白昂和刘大夏的治河方针就是围绕着这个中心。至于黄河南决对人民所造成的灾难，并不放在统治者的心上。刘大夏筑太行堤对后来黄河决口地点的下移有着重大的影响，在治黄史上是件大事，但黄河河道基本上仍然是弘治二年以来那样东由汴睢入泗，南下颍、涡入淮，并无重大变迁，胡渭将刘大夏治河列为黄河历史上六次大改道之一，是不妥当的。

自刘大夏筑太行堤以后，黄河不再北冲张秋沙湾挟汶夺济入海，但仍然是分道入淮入泗（运河）。其中入颍一股日渐淤塞，虽曾多次予以疏浚［正德五年（1510）见《明史·河渠志》，十年（1515）见《行水金鉴》引《河南通志》，嘉靖七年（1528）见《河渠志》，十一年至十三年（1532—1534）见《河

1 〔清〕傅泽洪：《行水金鉴》卷二〇《河水》，第13页。

渠志》][1]，屡开屡淤，至嘉靖十四年（1535）遂置而不问[2]，以后即不见于记载。弘治后期大致以由涡入淮一股为主，归德以下东出徐州的汴道时或南决入睢道［十一年（1498）］，时或北决曹单［十三年（1500）］。十八年（1505）主流北徙，改由睢道出宿迁小河口入运。正德三年（1508）又北徙走汴道，下徐州小浮桥入运。四年（1509），汴道下游又自黄陵冈等处北决，泛滥曹单，走泡水经丰县至沛县东飞云桥入运，南河故道遂淤[3]。八年（1513），又自黄陵冈等处决出，东经曹、单北，成武南一股[4]。至嘉靖初诸道皆塞，唯沛县一道仅存[5]；旋由县北庙道口、鸡鸣台截运河注入昭阳湖，运道大阻[6]。八年（1529），沛县河水又北移谷亭（今鱼台县治）入运[7]。九

1 《明史》卷八三《河渠志一》，第2026、2031、2032、2033—2034页。〔清〕傅泽洪：《行水金鉴》卷二二《河水》，第6—7页。

2 《明史》卷八三《河渠志一》，第2034—2035页。

3 同上书，第2026页。

4 同上书，第2027页。〔明〕潘季驯撰：《河防一览》卷五《河决考》，《景印文渊阁四库全书》第576册，第214页。〔清〕傅泽洪：《行水金鉴》卷二一《河水》，第6—7页。

5 《明史》卷八三《河渠志一》，第2030页。

6 同上书，第2030、2031页。〔清〕傅泽洪：《行水金鉴》卷二二《河水》，第13页；卷二三《河水》，第3、6、8页。

7 〔清〕顾炎武撰：《天下郡国利病书》卷四〇《山东六》。〔清〕傅泽洪：《行水金鉴》卷二三《河水》，第10页。

年（1530），河决曹县胡村寺，分为三支，二支东南出徐州，一支东北出谷亭，运道复通[1]。十三年，河决兰阳北赵皮寨，主流由睢入泗，另一支由涡入淮，继而主流又分出一支由夏邑经萧县出徐州小浮桥，谷亭一支遂绝[2]。十九年（1540），又决睢州北（今民权县西）野鸡岗，主流由涡入淮，东下归德、虞城出徐州一股仅得十分之二，徐州以下运道又涸阻[3]。二十一年（1542），筑塞野鸡岗，自野鸡岗上游今兰考境内浚孙继等口使河出归德、虞城、砀山、萧县达徐州，复故道[4]。二十四年（1545）再决野鸡岗，东南流分别由涡、浍、隋唐汴河诸道入淮，但东出砀山、徐州之流仍未绝[5]。至二十五、二十六年（1546、1547）先后决曹县、开封，河自开封西北经兰阳、仪封、考城，水入曹县城，漫定陶、成武、单县、金乡、鱼台冲谷亭

---

1 《明史》卷八三《河渠志一》，第2031—2032页。

2 同上书，第2033—2034页。〔明〕刘天和撰：《问水集》卷一《黄河》，《四库全书存目丛书》史部第221册，第253页。

3 《明史》卷八三《河渠志一》，第2035页。〔明〕潘季驯撰：《河防一览》卷五《河决考》，《景印文渊阁四库全书》第576册，第214页。

4 《明史》卷八三《河渠志一》，第2036页。〔清〕傅泽洪：《行水金鉴》卷二四《河水》，第15页；卷二五《河水》，第1页。

5 《大明会典》卷一九六《工部十六·都水清吏司》，《续修四库全书》第792册，第348页。《明史》卷八三《河渠志一》，第2035页。武同举纂述：《淮系年表》第九期《明二》，第28页。

入运[1]，自此颍、涡、浍、睢诸道尽塞，大河东出徐、沛由泗（运）入淮[2]，弘治二年以来将近六十年黄河分道由颍涡入淮，由睢、汴及汴北入运，迭为主副这一格局始告结束，是为黄河历史上第十八次大改道。

从嘉靖二十六年到万历初年三十余年间，黄河变迁有两个特点：一是徐州以上在曹县以下改道频仍，并出现了分成十多股在徐沛之间入运的现象；二是徐州以下也变成了经常决溢、改道的地区。

在这个时期内，上游虽在原武、祥符境内决口过几次，但不久即塞，影响不大[3]，河患主要集中在曹县以下。嘉靖三十七年（1558）曹县新集（梁靖口稍东，南去归德三十里）河淤，七月，忽向东北冲成大河，至单县段家口分为大溜沟、小溜沟、秦沟、浊河、胭脂沟、飞云桥六股，东至徐沛注入运河（大小溜沟、秦沟、浊河在徐州北，胭脂沟无考，飞云桥在沛县东）；又分一支由砀山坚城集（县西北，与单县接境）下郭贯楼（砀山县东）分为龙沟、母河、梁楼沟、杨氏沟、胡店沟五股，东下徐州小浮桥

---

1 《明史》卷八三《河渠志一》，第2036页。《大明会典》卷一九六《工部十六·都水清吏司》，《续修四库全书》第792册，第348页。〔清〕顾炎武撰：《天下郡国利病书》卷三八《山东四》。

2 《明史》卷八四《河渠志二》，第2065页。

3 〔清〕顾炎武撰：《天下郡国利病书》卷五〇《河南一》。

入运。此后从新集经丁家道口、马牧集、赵家圈、萧县蓟门出小浮桥的贾鲁河道凡二百五十余里遂淤不可复。河流既分为十一股，开始几年起了一定的分流作用，不至壅积；然分多则势弱，浅者仅二尺，势不能经久[1]。四十三年（1564），此六股河淤并为秦沟一支，经由丰县华山（县东南三十里）之南东南入运[2]。四十四年（1565）七月，又大决于新集，段家口、郭贯桥各股皆淤断，决河东至丰县棠林集（县南二十里）分为二股[3]：南股绕沛县戚山（县西南三十里）由秦沟入运，北股绕丰县华山，漫入

---

1 〔明〕潘季驯撰：《河防一览》卷五《河决考》，《景印文渊阁四库全书》第576册，第215页。《明史》卷八三《河渠志一》，第2037页。

2 〔清〕蒋廷锡、陈梦雷等辑：《钦定古今图书集成》卷一三〇《水灾部汇考八》，内府清雍正四年活字印本，第19页。武同举纂述：《淮系年表》第九期《明二》，第34页。

3 《方舆纪要》川渎大河"东径沛县之南萧县之北"下作"自萧县赵家圈泛滥而北，至曹县南崇朴集，复分二股"，《河渠志》作"至曹县棠林集而下，北分二支"，《淮系年表》采《纪要》此说，而改曹县南崇朴集为丰县南棠林集，《黄河变迁史》从《淮表》之说。今按赵家圈在萧县西六十里，位于丰县东南，河决赵家圈既不可能泛滥至曹县，亦不可能泛滥至丰县南二十里棠林集，决处当从《纪要》上文"东南径归德府北，河之北岸为曹县界"下所载在新集，盖自新集东泛至棠林集。《淮表》认为新集决口乃另一次，在七月决口之后，这是没有根据的。诸书所载此年决口，都只有七月一次。〔清〕顾祖禹撰，贺次君、施和金点校：《读史方舆纪要》卷一二六《川渎三·大河下》，第5416页。武同举纂述：《淮系年表》第九期《明二》，第34—36页。

秦沟接大小溜沟溢入运河。其北股又自华山决出东北下飞云桥，散为十三支，或横绝或逆流入运河，由湖陵城口（沛县北五十里）漫入昭阳湖，以致北起沙河（沛县北七十里，接鱼台县境），南至徐州，二百余里一片浩渺无际，运道皆被淤[1]。四十五年（1566），乃在秦沟北大筑堤防，遏河北出，使未趋秦沟，会运河于境山（徐州北四十余里）之南，称秦沟大河。又将嘉靖七年在昭阳湖东开了一半而中辍的新运河，予以完成：起自鱼台南阳闸下，经昭阳湖东至沛县东北夏镇，南抵留城（县东南四十里）接旧运河。又疏浚了留城以下南抵境山之南与秦沟大河相会的旧运河。隆庆元年（1567）工成。一时河不东侵，沛县黄水断流，漕运复通[2]。

---

1 〔明〕潘季驯撰：《河防一览》卷五《河决考》，《景印文渊阁四库全书》第576册，第215页。《大明会典》卷一九六《工部十六·都水清吏司》，《续修四库全书》第792册，第348页。〔清〕顾祖禹撰，贺次君、施和金点校：《读史方舆纪要》卷一二六《川渎三·大河下》，第5416—5417页。《明史》卷八三《河渠志一》，第2037—2038页。〔清〕傅泽洪：《行水金鉴》卷一五七《两河总说》，第4—5页。

2 〔明〕潘季驯撰：《河防一览》卷五《河决考》，《景印文渊阁四库全书》第576册，第215页。〔清〕顾祖禹撰，贺次君、施和金点校：《读史方舆纪要》卷一二六《川渎三·大河下》，第5417页。《明史》卷八三《河渠志一》，第2038—2039页。武同举纂述：《淮系年表》第九期《明二》，第36—37页；第十期《明三》，第1页。

从隆庆元年到万历初年，秦沟大河又曾多次淤决，黄运会口经常摆动于秦沟口、梁山、茶城（茶城在徐州北三十里，梁山在茶城北、境山南）一带。万历四、五年（1576、1577），曹、砀、丰、沛境内大河又连续决口，终于在砀山东北崔家口决而东徙，走今地图上的废黄河至徐州入运河，秦沟大河淤废[1]。

徐州以下，正统弘治以来，开始在淮口以上发生决溢，但直到嘉靖中叶，百余年间，见于记载的不过五六次，决溢而导致改道的只有嘉靖二年（1523）一次，即黄河正流原来自桃源（今泗阳）、清河（今淮阴）交界处的三汊口以下，由大清河东经清河县（今清江市西南废黄河北岸）北入淮，至是改由小清河经清河县南入淮[2]。嘉靖二十六年后黄河不再出颍、涡入淮，全河入泗（运），从此不仅淮口以上的泗水故道，就连淮口以下的淮水故道都经常发生决溢改道。隆庆时，河患与河工的重点地段，已“不在山东、河南、丰、沛，而专在徐、邳”[3]。单是隆庆五

1 《明史》卷八三《河渠志一》，第2039—2042页；卷八四《河渠志二》，第2047—2049页。武同举纂述：《淮系年表》第十期《明三》，第11—14页。〔清〕傅泽洪：《行水金鉴》卷二九《河水》，第2页。

2 《明史》卷八三《河渠志一》，第2028页。〔清〕傅泽洪：《行水金鉴》卷二二《河水》，第11页。〔清〕顾炎武撰：《天下郡国利病书》卷三七《山东三》。

3 《明史》卷八三《河渠志一》，第2040页。

年（1571）四月一次，就在灵璧双沟以下北岸决了三口，南岸决了八口。大致徐、淮间北岸决口或在徐州东南长山（州东二十里）、塔山（长山东南十五里）间，经磨脐沟东出邳州沂河口；或决灵璧拷㧐湾、睢宁曹家口，万历三、四、五年屡决桃源崔镇（县西北三十里），东下金城（安东即今涟水东北），会草湾河入海，都足以使决口以下的正河或断流或淤垫，阻塞漕运。南岸或决徐州房村（州东南七十里），睢宁曲头集、白浪浅等处，决河往往东出宿迁县南小河口归入正河，或决桃源县东马厂坡，南流入淮，也都导致运河的淤阻。遇黄河泛涨则黄水每倒流入小河口、洋河口，由归仁集（今泗洪县北）直射泗州（今盱眙对岸），为患凤、泗。淮安以下北岸常常在草湾（今清江市东）决口，或经由金城、五港由灌口入海，或经由盐河至海州入海。万历初年并曾大开草湾河，借以分泄正河盛涨。草湾以下，甚至在滨海的安东县境也曾决口。南岸则由于黄河夺淮后会口以下河床淤高，淮水不能畅流入海，隆万间遂决破洪泽湖东岸的高家堰，全淮东趋，黄河又乘虚自清口（即黄淮会口）倒流入湖，追蹑淮后，于是东下宝应、高邮，又决破高宝湖堤及运河堤，弥漫于里下河兴化、盐城一带，运河两岸漂没千里，兴、盐、高、宝皆成巨浸[1]。

万历六年（1578）潘季驯第三次受命“总理河漕”。在经过一番踏勘调查后，季驯奏上“两河经略疏”，提出了“塞决以挽正河之水”“筑堤防以杜溃决之虞”“复闸坝以防外河之冲”“创滚水坝以固堤岸”“止浚海工程以免靡费”“暂寝老黄河之议以仍利涉”六议，主旨为“塞决筑堤，束水攻沙”[2]。他的主张在当时执掌朝政的法家政治家张居正的支持之下，得到了贯彻。全部工程计为“筑高家堰六十余里；归仁集堤四十余里；柳浦湾堤东三十余里，西四十余里；塞崔镇等决一百三十余处；徐、睢、邳、宿、桃、清两岸筑遥堤共长五万六千四百三十余丈；马厂坡堤七百四十余丈，使两河不得外决；筑砀山大坝、丰县邵家大坝各一道，约水不得北徙；筑徐、沛、丰、砀缕堤一百四十余里；砌八浅宝应湖石堤共长一千五百七十余丈；建崔镇、徐昇等四减水

---

1 〔明〕潘季驯撰：《河防一览》卷五《河决考》，《景印文渊阁四库全书》第576册，第215页。《明史》卷八三《河渠志一》，第2041页；卷八四《河渠志二》，第2047—2051页。〔清〕傅泽洪：《行水金鉴》卷二六《河水》第3页至卷二九《河水》第3页。《大明会典》卷一九六《工部十六·都水清吏司》，《续修四库全书》第792册，第349页。

2 〔明〕潘季驯撰：《河防一览》卷七《两河经略疏》，《景印文渊阁四库全书》第576册，第246—255页。

坝；修复淮安新旧闸，迁通济闸于淮安甘罗城南，以纳淮水”[1]。除两岸遥、缕堤旨在防决和束水攻沙外，高家堰创筑于永乐中，至是大事增筑，意在抬高洪泽湖水位，蓄清刷黄。筑归仁集堤起桃源县西孙家湾，西抵泗州归仁集，是为了捍御黄水、睢水及堤北埠子等湖水，使不得南射泗州。柳浦湾在淮安东北四十里，西至清江浦四十余里是加固旧堤，东至高岭三十余里是添筑新堤。马厂坡堤在桃源县东南，所谓“使两河不得外决”，意即隔绝黄淮相互出入之路。砀山大坝在单砀接界处，遏河使循坝归河，不致危及北岸堤防。邵家大坝在丰砀界上，断北出秦沟旧道，使河水未趋崔家口新道。四减水坝一在桃源县西北三十里崔镇，一在崔镇东二十里徐昇口，一在徐昇口东三十里季泰口，一在季泰口东二十里桃清界上三汊镇口，都是筑在北岸遥堤上的石坝，以便分杀盛涨，使从灌口入海，不致冲溃遥堤。此外，砌宝应湖堤、复淮安闸坝、迁通济闸三项工程，都是修复淮南运道的措施[2]。

---

1 〔明〕潘季驯撰：《河防一览》卷五《河决考》，《景印文渊阁四库全书》第576册，第215页。

2 〔明〕潘季驯撰：《河防一览》卷一《全河图说》、卷五《河决考》，《景印文渊阁四库全书》第576册，第143—165、215页。〔清〕顾祖禹撰，贺次君、施和金点校：《读史方舆纪要》卷一二六《川渎三·大河下》，第5421页。武同举纂述：《淮系年表》第十期《明三》，第14—18页。

以六年九月兴工，次年十月告成。

潘季驯治河全用当时见在的河道（具体说来是万历五年河决崔家口以后的河道），既未开凿新河，也没有疏浚旧河河床或海口，只是加固或添筑堤防，筑塞所有决口，修复或创建一些闸坝，使“河无旁决”，“沙随水刷”，“海不浚而辟，河不挑而深”。由于采用了这种基本正确的“以水治水”之法，因此他取得了一定的成效，“流连数年，河道无大患”[1]。

这一次治河工程所定下来的河道，基本上就是今地图上的废黄河（仅清江浦以下的草湾至赤宴庙一段稍后又有变动），此后275年直到1855年河决铜瓦厢，一直是黄河下游的正流。所以它虽然和嘉靖二十六年的河道不同之处只限于曹县至徐州一段，但对后代的影响极大，在黄河历史上具有划时代的意义，应列为第十九次大改道。

（5）明万历七年（1579）至清咸丰五年（1855）为黄河单股走汴泗汇淮入海时期

本时期内黄河大小决溢的次数比上一期更多，据粗略统计，二百七十六年中，约有二百多次，但是没有发生固定下来的大改

1 《明史》卷八四《河渠志二》，第2051—2054页。

道，这与潘季驯“束水攻沙”的治河方针有着一定的关系。明清两代在“防河保运”这一点上是一致的，因而在治河的基本方针上是一致的。清代前期治河比较见效的是康熙前期靳辅任河道总督时期，基本上也还是遵循潘季驯的治河方针，不过在修治工程方面有所改进。用“束水攻沙”的办法治河，在今天看来有很大的局限性，因为它没有考虑到中上游的水土保持，只是在下游河道上下功夫，只能是“头痛医头，脚痛医脚”，不能从根本上解决黄河为患的问题。但是在封建王朝时代，要求统治阶级顾到中上游的水土保持，当然是绝对不可能的。事实上就是在下游范围内，堤防闸坝工事也不可能全部做得十分坚固，即使在潘季驯、靳辅主持治河时期，尽管他们取得了一定的成就，也总有一些工程因质量达不到要求而经不起洪流的冲刷，决溢仍然在所难免，至于在其他庸劣贪黩的河臣主持之下，那就更不用说了。统观这二百七十多年的黄河历史，虽然并未出现大改道，那时屡决屡塞，并不是由于没有决口而不改道，实际上黄河下游人民所遭受的黄河决溢泛滥的灾难，较之金、元和明万历以前经常大改道时期，即使不能说“有过之”，至少可以说是“无不及”。这充分说明了在这个封建社会后期，只能由于封建制度及其统治阶级的日益腐朽而使河患日趋严重，并不能由于有了潘季驯、靳辅等人比较正确的经验和理论作为治河方针而使河患有所减轻。

从万历七年至明王朝覆亡六十余年间的黄河历史，可分为三个时期：

万历七年（1579）至二十年（1592）为第一期。万历六至七年潘季驯治河的重点放在徐州以下至入淮一段，也就是当时南北大运河的一段。这是因为“徐、淮之流浅阻，则运道塞，此咽喉命脉所关，最为紧要”[1]。但全部工程完成于短短一年多时间内，修筑不无卑薄之处。至徐州以上，则仅在徐州以下完工后作为善后事宜修固了一次刘大夏时代的太行堤[2]，没有采取其他措施。八年六月潘季驯去任，不久，徐州以下即在万历十三、十四年（1585、1586）连决于南岸淮安范家口（城东十五里），全河几被夺[3]，徐州以上又在万历十五年（1587）决祥符刘兽医口（开封城西北三十五里）、兰阳铜瓦厢、封丘荆隆口等处，冲入长垣、东明等县[4]。十六年（1588）第四次起用潘季驯总督河道，在经过一番考察后，又大举兴筑了黄、淮、运各项工程，以次年四月完工。单是从荥泽、武陟至

1 〔清〕傅泽洪：《行水金鉴》卷三二《河水》，第1页。

2 〔明〕潘季驯撰：《河防一览》卷九《遵奉明旨计议河工未尽事宜疏》，《景印文渊阁四库全书》第576册，第314页。

3 〔清〕傅泽洪：《行水金鉴》卷三一《河水》，第12页。

4 〔清〕傅泽洪：《行水金鉴》卷三二《河水》，第4页。

桃源、清河两岸的遥、缕、月堤工，一共就筑了十万余丈[1]。但徐州以下，仍有十六年清河鲍家营（清江浦北岸王家营稍西）的决口，十七年（1589）灵璧双沟单家口的决口，十九年（1591）鲍家营、王家营的决口；徐州以上，十七年又漫决于祥符刘兽医口和兰阳李景高口，十八年（1590），河水溢入徐州城中[2]。又大河正流旧自淮安北草湾折南经淮安城北，折东至柳浦湾，又折而北流经赤晏庙至安东城南。嘉靖中叶从草湾冲开一支河，时通时塞，至万历十七年竟夺正流十分之七，至赤晏庙仍归正河。其后故河渐淤，草湾至赤晏庙这一段决流，便成了此后的径流，也就是今地图上从淮安之北至涟水西南这一段废黄河[3]。不过这些溃决在当时的统治者看来还不算是很严重的，严重的是由于潘季驯屡次加筑修补高家堰土石堤，意在蓄清刷黄，

---

1 〔明〕潘季驯撰：《河防一览》卷一一《河工告成疏》，《景印文渊阁四库全书》第576册，第368—378页。

2 〔明〕潘季驯撰：《河防一览》卷一一《申明河南修守疏》《停寝訾家营疏》《工部覆前疏》，《景印文渊阁四库全书》第576册，第351、355—360页。《明史》卷八四《河渠志二》，第2056页。〔清〕傅泽洪：《行水金鉴》卷三三《河水》，第12页。

3 〔明〕潘季驯撰：《河防一览》卷一《全河图说》，《景印文渊阁四库全书》第576册，第143—165页。〔清〕傅泽洪：《行水金鉴》卷三三《河水》，第13页。武同举纂述：《淮系年表》第十期《明三》，第31—32页。

使清口以下黄河不致淤浅，但一遇河淮同时并涨，淮水下泄受阻，淮河两岸就不免要壅溢成灾，高家堰一旦保不住，又不免要贻患淮、扬间运河两岸。万历十九年秋淮水沦没了泗州州城，城中水深三尺，居民被沉溺者十之九，洪水浸及祖陵（明太祖朱元璋祖父的陵墓，在泗州城东北十二里淮水两岸）的神路和丹墀；漫高家堰，决淮、扬间运河堤。河患发展以至于影响到了皇室祖宗陵墓和淮、扬间运道的安全，于是“议者纷起”。潘季驯先还以为泗州水患“当自消，已而不验”，逼得他“呕血骨立”，不得不屡疏乞归，终于以二十年春去任[1]。

万历二十一年（1593）至三十四年（1606）为第二期。这一期内重要的决徙先有二十一年夏单县西南黄堌口之决，决河正流经虞城砀山至萧县东北两河口，折南经萧县西下宿州睢溪口符离桥，东至宿迁小河口、白洋河口入运，支派由两河口东出徐州小浮桥入运。二十五年（1597）后正流和支派又屡有淤变，又先后开浚了自李吉口（单县东南、黄堌下游二十里）北下浊河一股、自赵家圈（萧县西）东出小浮桥一段贾鲁故道，皆不久即淤[2]。

---

1 《明史》卷八四《河渠志二》，第2056页。〔清〕傅泽洪：《行水金鉴》卷三三《河水》，第13—15页；卷三四《河水》，第1页。

2 《明史》卷八四《河渠志二》，第2057—2065页。〔清〕傅泽洪：《行水金鉴》卷三六《河水》第11页至卷三九《河水》，第19页。

黄堌多年不塞，至二十九年（1601）又决于上游百数十里商丘蒙墙寺的萧家口（县东北三十里），正流下睢溪、符离出小河口入运，自符离以下分一支经固镇由浍河入淮。次年，全河由浍入淮，黄堌口涸塞，东下徐州一派断流[1]。三十一年（1603）于蒙墙上游曹县王家口开新河，塞蒙墙，欲挽河由新河东出徐州，既而新河水涨，冲决单、鱼、丰、沛间。接着先后由单县苏家庄、朱旺口决而东灌昭阳、南阳诸湖，冲入夏镇运河，南下徐州，北溃鱼台、济宁间。三十三年（1605）冬"大挑朱旺口"，东下徐州小浮桥故道。次年，筑塞苏家庄朱旺口，四月工竣，自朱旺口至小浮桥一百七十余里河复故道[2]。万历初年潘季驯治河工成后的河道已基本上就是今地图上的"废黄河"，只差淮安草湾以下约三十里和徐州城西约二十里两小段还不相同。草湾一段已于十七年后改道同"废黄河"。徐州城西旧分两支：正流经大谷山、九里山北出镇口闸会漕；支流经二山之南出小浮桥会漕，同"废

---

1 《明史》卷八四《河渠志二》，第 2066—2067 页。〔清〕顾炎武撰：《天下郡国利病书》卷五四《河南五》。〔清〕傅泽洪：《行水金鉴》卷四〇《河水》，第 9 页。

2 《明史》卷八四《河渠志二》，第 2068—2069 页。〔清〕顾炎武撰：《天下郡国利病书》卷五四《河南五》。武同举纂述：《淮系年表》第十期《明三》，第 36—39 页。〔清〕傅泽洪：《行水金鉴》卷四二《河水》，第 1 页；卷四三《河水》，第 7 页。

黄河”。此次挑浚几乎全用潘季驯时故道，唯有这一段改以支流为正流，从此武陟、荥泽以下河道遂与“废黄河”全部相同（此后的变动只限于云梯关以下海口段逐渐向下伸展，和一些在两岸遥堤之间的河槽摆动）。除黄河本身的决徙外，从二十一年起，又由于黄河的涨溢而引起淮水连年侵淹泗州和“祖陵”，决高家堰和高宝湖运诸堤。这是这一时期开始几年内最严重的河患。二十三年（1595）大举“分黄导淮”，开黄坝新河起自桃源东南黄家嘴，东经清河、安东至灌口长三百余里分黄入海；辟清口沙七里，导淮会黄，又在高家堰上建武家墩（今淮阴县南）、高良涧（今洪泽县治）、周家桥（高良涧西南）三石闸，分泄淮水三道东经里下河地区湖河入海；又分水由高邮、邵伯等河下芒稻河排入长江。明年十月工成，泗陵和淮扬一带水患始平，但黄坝新河不久即淤废[1]。

万历三十四年（1606）至崇祯十七年即清顺治元年（1644）为第三期。这一期内大小决口将近五十次，徐州以下至安东约占四分之三，其余四分之一则曹、单、丰、沛、砀、萧居其大半，河南境内原武、阳武、开封、封丘居其小半。徐州下游或北决入

---

1 《明史》卷八四《河渠志二》，第2058—2063页。〔清〕傅泽洪：《行水金鉴》卷三六《河水》第9页至卷三九《河水》第9页。

伽河，或南决出小河口、白洋河口，正河为之断流。决在淮安则往往使淮运并决，东淹高、宝、兴、盐。徐州、睢宁、邳州、宿迁、淮安等城皆曾被灌或被围。河南境内一次决在阳武，由封丘、曹、单至虞城归入正河；一次决在原武、封丘，破曹县太行堤冲张秋；一次决在开封下陈留、亳州，由涡入淮。所有这几十次决口，有的由人工筑塞，有的由黄河自然淤塞，有的当年即塞，有的过了两三年才塞住。最后是崇祯十五年（1642）九月明军与李自成起义军在开封城外作战时，人为决破开封西北十七里朱家寨及其上游三十里马家口那一次，水灌开封城，由涡入淮，故道涸为平陆。次年，筑塞两口，未几又决。又次年，明亡，清兵入关，黄河正流又自复故道[1]。

清顺治元年黄河大流渐归故道，至五年（1648）筑塞朱家寨、马家口两处决口，全河复故道[2]。但是明末以来黄河的积病未除，单靠堵塞两个决口是不解决问题的。因此从顺治元年起

1 《明史》卷八四《河渠志二》，第2070—2074页。〔清〕傅泽洪：《行水金鉴》卷四三《河水》第14页至卷四六《河水》第1页。武同举纂述：《淮系年表》第十期《明三》，第65—67页。岑仲勉：《黄河变迁史》，第486—488、541—545页。

2 岑仲勉：《黄河变迁史》，第555页。赵世暹：《清顺治初年黄河并未自复故道》，《中华文史论丛》第2辑。

到康熙十五年（1676）这一段时期内，河患比明末更为严重。三十三年中，决口约八九十次，几乎无岁不决，一年之内决三四处是常事，甚至决上七八处。黄河的决口又引起洪泽湖和运河的决口，黄、淮（湖）、运三者合计有时一年内决口达数十处。决后虽然多数一二年内即筑塞，也有拖到六七年之后甚至十年二十年后才塞住的。因此一河上下，往往同时存在着多处决口。上起武陟、阳武，下至安东海口附近，无处不决。顺康之际以后，逐渐集中在徐邳以下，特别是宿迁桃源以下。最关紧要的是顺治十六年（1659）、康熙元年（1662）连决宿迁南岸，破归仁堤西南，黄水注入洪泽湖。原先睢水和堤北永堌、邱家、白鹿诸湖水皆由小河口、白洋河口东下黄河，助黄刷沙，至此黄水反从二口逆灌入洪泽湖，睢水和堤北诸湖水也都被挟西南。黄淮交灌使洪泽湖水面日益扩大，水位不断提高。黄水所挟泥沙把淮黄会流处的清口以南洪泽湖东北隅淤垫成陆，淮水不再能由清口汇黄入海，乃改由湖东南古沟翟坝等处决破高堰，冲成大沟，东注高宝湖，又东溃运河堤，既使运道淤阻，又使淮扬之间各州县从此年年受灾。黄河正流既在宿迁为决河分去了一部分，东至清口又不再像原来那样有大量淮水注入，于是河身日趋淤浅，每遇夏秋涨风，流量尽管不多，却侧处溃决成灾。著名决口南岸有桃源的烟墩、于家冈等处，决流南下洪泽湖，北岸则有桃源的七里沟、黄家嘴、新庄口、三义坝，清河的三汊口、王家营、二铺，安东的邢家口、茆良口等，往往历久不塞，结果使云梯关内外的正流几致断流，淮北各州县经常为黄水所浸灌。到了康熙十六年（1677）春任命靳辅为河道总督时，黄河两岸决口共有二十一处，运河和高家堰决口共有七十一处。自清江浦至海口约三百里，“向日（当指顺治十六年以前）河身深二三四丈不等，今则深者不过八九尺，浅者仅二三尺矣”。“淮安城堞卑于河底”，“洪泽湖底渐成平陆”[1]。

从康熙十六年（1677）到四十七年（1708）共三十一年，由于其时一是担任河道总督的先有靳辅，继而有于成龙、张鹏翮等，这几个人的能力都比较强，办事比较认真，特别是靳辅，在历史上是与潘季驯并称的人物，先后两任总河共达十二年，功绩最为显著（实际其谋划都出于幕僚陈潢）；二是最高统治者康熙帝本人很关心重视河防，对重要防治工程经常广泛征询群臣意见，亲自作出判断，六次南巡［二十三年至四十六年（1684—1707）］，每次都亲临河干视察，指授方略；三是河工岁费增加到三百万两，占当时国库岁入十分之一以上。因此，这个时期是有清一代治理

1 〔清〕傅泽洪：《行水金鉴》卷四六第 1 页至卷四九《河水》第 2 页。《清史稿》卷一二六《河渠志一》，中华书局 1977 年点校本，第 3715—3720 页。武同举纂述：《淮系年表》第十一期《清一》，第 1—18 页。

黄河取得最大成就的时期，也是黄河比较安静的时期。

康熙十六年（1677）以前，“治河者多尽力于漕艘经行之处，其他决口则以为无关运道而缓视之。”[1] 十六年靳辅任河道总督，开始大规模修治河道。“时河道久不治，归仁堤、王家营、邢家口、古沟、翟家坝等处先后溃溢，高家堰决三十余处，淮水全入运河，黄水逆上至清水潭，浸淫四出，砀山以东两岸决口数十处，下河七州县淹为大泽，清口涸为陆地。”[2] 靳辅治河的重点放在当时河患最严重的清口至海口段，他采用的方针，仍然是潘季驯“束水攻沙”的办法，先挑浚了清江浦以下云梯关入海的河身，用挑出的河泥筑高加固两岸的堤岸。南岸从白洋河至云梯关二百三十里，北岸自清河县至云梯关二百里，又新筑云梯关至海口堤防百余里。又自洪泽湖下游高家堰至清口，另挑三千多丈引河，引洪泽湖水从清口入黄，加固和增筑高家堰一带各处“残缺堤岸”，下筑坦坡以护堤岸，并筑六座减水以宣泄洪水。又堵住了黄淮各处决口，全部工程先后于康熙二十一年（1682）告竣。黄河出现了一个时期的安宁。靳辅罢任以后，继任的几任总河，治河成效不大。三十五年（1696）黄、淮大涨，高堰决于六坝，

---

1 《清史稿》卷一二六《河渠志一》，第 3720 页。
2 《清史稿》卷二七九《靳辅传》，第 10115 页。

清口倒灌，运口淤陆。三十九年（1700）由张鹏翮出任总河，又开始大兴修治，加筑高堰，疏浚河身，开芒稻河导水入江，开挑张福口裴家场引河，加修归仁堤筑工程。这一时期治河工程都着重在清口以下近海段。康熙末年黄河又在河南境内决口。六十年（1721）八月在武陟县境多处决口，大流北趋滑县、长垣、东明，冲入沙湾、张秋，由大清河入海[1]。雍正年间河南境内河决仍然不断，后在黄河南北两岸也增筑堤防，河患才逐渐减少。乾隆前半期，黄河在豫、鲁、皖、苏沿河诸地多有决口，但决口不久即筑塞，成灾面积不大。后半期决口后成灾的时间逐渐加重。四十三年（1778）六月在祥符决口，闰六月又在仪封境内六处漫决，考城境内三处漫决，分几路决入涡河[2]。历时二年，费帑五百余万，堵筑五次，决口始合。四十六年（1781）五月决睢宁，七月决仪封，几次堵后复决，四十八年（1783）才堵住[3]。

嘉道年间，清政府在走向灭亡的边缘，政治上空前黑暗，经济上贪污成风，人民起义的烽火几乎遍及全国，封建社会急趋崩溃的迹象已充分暴露，河决以后每每不能及时堵住。从嘉庆元

---

1 《清史稿》卷一二六《河渠志一》，第3721—3724页。

2 〔清〕康基田：《河渠纪闻》卷一八至卷二八，《四库未收书辑刊》第1辑第29册，北京出版社2000年版，第367—715页。

3 《清史稿》卷一二六《河渠志一》，第3731页。

年（1796）至咸丰初的近六十年内，几乎无岁不决，开始时决口地点比较集中于曹、丰、沛一带，以后又集中在封丘、仪封、兰阳、祥符、中牟一带，东决的注入微山、昭阳等湖，如嘉庆元年（1796）、二年（1797），咸丰元年（1851）、二年（1852），南决的多走涡、颍、茨河入淮，如嘉庆三年（1798）、十八年（1813）、二十四年（1819）、二十五年（1820），道光二十一年（1841）、二十三年（1843），北决的达张秋，走大清河，由利津入海，如嘉庆八年（1803）、二十四年（1819）[1]。道光二十三年六月一次特大洪水，据近人估计经陕县流量约有三万六千秒立方。结果在中牟九堡决口，正流走贾鲁河入颍，旁流走涡河入淮。豫东南、皖北大片土地被灾，是近代史上最大一次水灾[2]。

咸丰五年（1855）六月黄河于兰阳铜瓦厢大决，河水先向西北淹及封丘、祥符各县村庄，再折而东北，漫注兰仪、考城、长垣等县后，至兰通集分为二股：一股出曹州东赵王河及曹州西陶河，至张秋穿运，漫溢于定陶、曹、单、城武、金乡一带。一股由长垣县小清集行至东明县之雷家庄又分为二支：一支由东明县

---

1 岑仲勉：《黄河变迁史》，第 571—575 页。

2 武同举等：《再续行水金鉴》卷八五《河水·道光二十三年正月至闰七月》，水利委员会 1942 年版，第 2301—2302 页。

南门外下注水行七分，经山东曹州府迤下注与赵王河下流汇入张秋镇穿运；一支由东明县北门外下注水行三分，经茅草河，由山东濮州城及白杨阁集、逯家集、范县迤南，东北行至张秋镇。三支汇合穿张秋运河，走大清河，由利津牡蛎口入海[1]。东出曹州的一段，在咸丰八、九年间（1858—1859）即淤，另一股遂成为黄河正流。当时李鸿章代表安徽、江苏的利益，主张黄河决向北流，不同意堵塞决口。山东巡抚丁宝桢代表山东的利益要求堵住决口，主张黄河复归故道，由东南入淮。双方争执不下，又适逢太平天国起义烽火正席卷长江流域，清王朝岌岌可危，二十年内未加筑塞，造成黄河历史上第二十次大改道。

（6）咸丰六年（1856）至1949年新中国成立为黄河由山东利津入海时期

咸丰五年改道后，新道在短时间内还未完全固定下来。同治年间黄河在河南山东境内决口仍然很多。同治十年（1871）在郓城境内决口，东注南旺湖，南注南阳湖，洪水遍及巨野、金乡、鱼台、铜山、沛县等地。十二年（1873），河水又于东明

1　武同举等：《再续行水金鉴》卷九二《河水·咸丰五年》，第2372—2372页；卷九三《河水·咸丰六年至九年》，第2419—2421页。

决口，洪水东南淹及济宁、嘉祥、金乡、鱼台等县，微山、独山、南阳诸湖连成一片，运河两岸大片土地变为泽国。至光绪二年（1876，一说元年）菏泽贾庄工程告成，“全河均入大清河，北流归海之势始定”[1]。今黄河道才完全固定下来。其后光绪年间决口更是频繁，决口又多集中在张秋以下的大清河新道上。光绪八年至十二年（1882—1886），五年内十四次决口，十三次在历城、齐东、齐河、长清、济阳、章丘、惠民等地。十三年（1887）一次在郑州决口，分三道由涡、颍入淮。自十五年至三十年（1889—1904）决口二十六次，又都集中在寿张以下的东阿、齐河、历城、济阳、章丘、齐东、惠民、滨州、利津各地，其中利津一地就集中了九次，可见这个时期黄河决口重点集中在下游新道，尤其是利津县境内的尾闾段变化更大。咸丰五年改道在利津牡蛎嘴入海，到同治年间，牡蛎嘴已成泥滩。光绪十六年（1890）河水在韩家垣决口，改道由毛丝坨入海。二十三年（1897）在南岭子决改道，由丝网口入海。三十年丝网口又淤，决于利津北岸之薄庄，改道向沾化县至老鸹嘴入海。辛亥革命以后，军阀连年混战，黄河上自封丘、长垣，下至尾闾段，几乎到

1　宣统《山东通志》卷一二二《河防志九·黄河考中》，民国七年（1918）排印本，第1页。

处都有溃决，仅在北洋军阀和国民党反动派统治时期的三十四年内，黄河就决口 107 次。而反动政府从未认真治理过黄河。1926 年 8 月河决东明刘庄，东流入巨野赵王河，洪水宽十五里，金乡、嘉祥二县被淹。洪水又南注济宁、鱼台，由微山湖南浸，徐、淮一带一片汪洋[1]。1933 年遇到特大的洪水，上游的磴口、中游的永济都有决口，下游从温县到长垣的二百多公里内，决口有七十二处之多，淹没了冀、鲁、豫三省六十七个县，12 000 多平方公里的土地，受灾人口达三百六十四万。1935 年黄河在鄄城县董庄决口，分正河水十分之七八，东流折而南，分为两股：一小股由赵王河穿东平县运河，合汶水复归大河正流；大股漫菏泽、郓城、嘉祥、济宁、巨野、金乡、鱼台等县，经南阳、昭阳、微山等湖，淹丰、沛、铜山，灌及邳、宿，由中运河注六塘河、沭河，泗阳、淮阴、涟水、沭阳、东海、灌云等县均被水灾[2]。

1938 年日本帝国主义侵略军占领徐州后继续西侵，国民党反动派不思抵抗，竟然在该年 6 月 2 日和 6 日，先后扒开赵口和

1 岑仲勉：《黄河变迁史》，第 583—586、661 页。沈怡、赵世暹、郑道隆：《黄河年表》第七表，第 239—253 页。

2 岑仲勉：《黄河变迁史》，第 662 页。

花园口大堤，企图利用洪水阻止日军的南进，结果造成严重的灾难。赵口在花园口下游约三十公里，不迎大流，汛期过后，口门即告淤塞。而花园口至11月20日，口门冲宽400余公尺，黄河原道断流，全部黄水向东南泛滥于贾鲁河、颍河和涡河之间的地带，漫注于正阳关至怀远一段的淮河。入淮后，横溢于两岸低地，泄入洪泽湖，高邮、宝应诸湖，汇入长江入海。这次洪水泛滥地域特别辽阔，西自中牟、尉氏、扶沟、颍河一线，东至惠济河、涡河一线，都是黄水泛及的地区，长度达400公里，宽度自30至80公里不等。整个黄泛区内只有淮阳附近和颍上、凤台之间两块地方因较高未受水淹，成为汪洋中的孤岛。这次决口后的受灾面积五万四千平方公里，被洪水淹死失踪的有八十九万人，历时达九年，所造成的灾难的严重，为史所罕见[1]。

1945年日寇投降后，国民党反动派企图借“黄河归故”的名义，阴谋“以水代兵”淹没解放区。中国共产党为了顾全大局，照顾“黄泛区”人民的利益，说服故道河床四十万居民进行迁移，并自1946年4月起与反动派先后签订一系列的协议，在“先行复堤，迁移河床居民，然后再堵口合龙”的条件下，同意河归故道。可是反动派背信弃义，一面签订协议，一面企图在

1　罗来兴：《1938—1947年间的黄河南泛》，《地理学报》1953年第2期。

猝不及防的情况下，水淹解放区，以配合其军事行动。1947 年 3 月违约在花园口堵口，黄河复归故道。这次决口泛滥历时达九年，不久黄河下游地区随着解放战争的胜利全部属于人民，黄河的历史才开始了新的篇章。

三、历史上黄河下游各条泛道的演变

总结历史上黄河决口后所经的各条故道，大致可分为北流的滱水、滹沱、漳水、御河，东流的漯川、马颊、济清，南流的泗水、汴水、濉水、涡水、颍水等十二条泛道。

北流中滱水泛道，即《山海经》中古大河下游。古大河走汉代古漳河道，至汉鄡县（今束鹿县东）附近别漳而北，至汉陆成（今蠡县南）附近循汉代滱河，北流至汉易县（今雄县）折而东流，循水经巨马河即宋辽对峙时代的界河白沟河东流入海[1]。这是黄河历史上最北的一条泛道。滹沱泛道即《禹贡》中古大河下游，约循今马厂减河入海。大河改道后，是为汉代滹沱河的正

1 谭其骧：《海河水系的形成与发展》，《长水集续编》，人民出版社 1994 年版，第 414—462 页。

流。漳水泛道是古大河下游的上段,《山海经》《禹贡》里的大河在进入河北平原以后，至今束鹿县分流以前，走的就是西汉时代的故漳河道。大河改道以后，漳河在历史上有过很多次变迁，范围大致在今滏阳河和南运河之间。御河泛道，就是隋代的永济渠和宋代的御河，德州以上的故道在今南运河之西。

东流的漯川泛道，是古大河下游的一条大分流，部分故道即今山东徒骇河。马颊泛道是西汉大河下游的减水河，部分故道即今山东马颊河。济清泛道指古代济水下游，又称北清河，自巨野泽合汶水东北流，大致循今黄河入海。

南流的泗水泛道即黄河东注济宁、徐州间的古泗水，南流循泗水故道即徐州以下的废黄河注入淮河。汴水故道即黄河走由开封经兰考、民权、商丘、虞城、砀山、萧县至徐州入泗的古汴水河道，大致与今地图上废黄河相同。濉水泛道指黄河在开封、商丘间由汴水分出，大致走古濉水河道，经今夏邑、濉溪、宿县、睢宁至宿迁入泗。颍涡泛道，历史上黄河在郑州、开封间南决，南泛分为二股：一股由贾鲁河一线流入颍河至正阳关入淮；一股经通许、太康，由涡河至怀远入淮。这两条是黄河最南的泛道。

从以上十二条泛道前后更迭演变的历史，以及和决溢地点的关系，可以归纳出下列几点。

第一，历史上这十二条泛道的更迭演变基本上是从北向南作扇面形状的展开，而扇面的两侧，正是华北大平原的南北两端。《山海经》《禹贡》里的大河都是沿着太行山东麓走汉代漳水河道北流，较早的是《山海经》大河，循西汉滱水至今天津入海，正是华北大平原的北侧。较晚的《禹贡》大河走汉代滹沱河，进入河北平原中部，循今马厂减河入海。西汉时大河下游中间一段已进入山东境内，下游入海口段的今捷地减河也在《禹贡》大河之南。东汉至五代时大河下游大部分河段在今山东境内，下游在利津入海。北宋情况有些特殊，有一时期北流走御河入海。但整个北宋167年内，前期干流主要走唐代大河，1034年后改走横陇故道，1048年开始的北流仅74年，其中四十余年还和东流并行。东流开始于1060年，下游即今马颊河，和唐故大河、横陇故道都在今山东境内入海，可见北宋大部分时间黄河还是在山东入海的。

宋金之际，黄河改由东流和东南流，分成数支入泗入淮，泛道的北面不出鲁西南地区，南面走汴、濉泛道，入泗后大部分水流注入淮河，一部分由清济入海。元代开始除了东流走汴道外，又部分折南走颍、涡入淮。这时期虽然黄河也有决入河北平原的现象，但都是为时短暂、水流微弱的部分。明清时代由于“治河保运”的原因，黄河被人为约束在汴道上，不让它北流冲运。但南决走涡颍泛道，却不少见。有时在一个短时期内，涡河、颍河还曾为黄河干流所经，成为黄河的正流。在这几百年的历史里，黄河不断徘徊、往返于淮北平原上，直至100多年前铜瓦厢决口，黄河又恢复自山东入海，是为黄河历史上一大变化。

有文字记载以来三四千年内，黄河在华北大平原上自北向南扫射了一遍，北逾大清河、南至颍河的范围内，几乎每一条河流和河流两岸的土地都遭受过黄水的泛滥。因此，历史时期华北大平原的地貌变迁和黄河的决徙具有密切的关系。

第二，从各条泛道的行水时间来看，在这十二条泛道中，以漯川泛道和汴水泛道的行水时间最长，与其他各条泛道的关系也最密切。漯水原为黄河下游的一大分流，所以过去有禹河分为二渠的说法[1]。公元前602年（周定王五年）改道，黄河从宿胥口东行漯川泛道至长寿津（今濮阳县西南）始与漯水分流，漯水开始作为黄河的泛道。东汉以后黄河自长寿津以下继续行漯水，至东武阳（今莘县南）南，才与漯水分流。五代末年的赤金游三河、北宋时代的横陇故道都是从漯川泛道中分流出来的。北宋以前黄河的历史，也可以说漯川夺河的过程，漯川行河水如果从公元前602年算起至北宋庆历八年（1048）北流形成，几乎有十七个世纪。汴水泛道开始形成于金大定八年（1168），当时黄河在

1 《汉书》卷二九《沟洫志》，第1676页。

李固渡决口，冲出一道新河淹没了曹州城，一支分流于今单县，下经砀山、萧县于徐州入泗汇淮。大定二十七年以前，汴道遂成为黄河正流所经。此后金代的大河主流，直至元末的贾鲁河，虽然在个别河段有变化，但从兰考以下，经曹、单之南，砀、萧之间，于徐州入泗的总流向不变。明清二代为了保运，历年治河更是千方百计将黄河固定在汴道上，以黄济运。自 1168 年以后，黄河在汴道南北两岸决口，北决冲入会通河，南决走濉、涡、颍诸水入淮，也都是从汴道中分出来的。因此，可以说 1855 年铜瓦厢决口以前，黄河的各条泛道中以漯川和汴水两条为主干。这两条主干的形成是与黄河下游的地理形势有关的。黄河下游的华北大平原为山东地垒地带分成了两部分，使黄河具有或是东北流入渤海，或是东南流入黄海的两种可能性。黄河按着水流就下的规律，必然要寻求坡面度最陡和距海最近的河道，而漯川泛道和汴水泛道正具备了这两种条件，因此就成了各条泛道的主干[1]。

其他如北流中的滤水泛道、滹沱泛道流经的时间不详，大约也有几百年的历史。漳水也是公元前 602 年前大河的故道，大河改道后走漯川泛道后，漳河故道才成了滹沱河的支流。北宋初期就有在今黎阳一带北决入南运河的现象，1048 年开始的北流，

1　水利电力部黄河水利委员会编:《人民黄河》，第 61 页。

前后也有好几支，摆动于漳河和永济渠之间。大观二年（1108）一次大河干流西决走漳河，冲入邢州，淹没了巨鹿县城，那是北流最西的一支。元末黄河一支还曾流入河北境内，走漳河、滹沱河，由大清河入海。明代以后黄河就不再进入河北省了。

东流中漯川泛道历时最长，已见上述。马颊泛道从广义上来讲，可以包括汉代的笃马河、唐代的马颊河（新河）等，都是西汉、东汉大河下游在今山东境内的分流，带有减水河性质。西汉的笃马河在北宋时作为大河的东流历时四十余年，作为北宋大河的干流有二十三年，今天称为马颊河。唐代马颊河开凿于公元700年（唐久视元年），全长200多里，因为在当时大河之北，故后人称为唐故大河北支，宋代称为沙河。清济泛道的形成，最早大约开始于汉武帝元光三年（前132）河决瓠子注入巨野泽后，有一部分余水由济入海。此后在西汉一代，如建始四年（前29）、河平二年（前27）黄河决口，济南、千乘一带常常被水灾的情况看来，黄河也可能走清济泛道入海。五代北宋时期河水几次决入巨野泽，总有部分流水由济水入海，如此北宋熙宁十年（1077）黄河由南北清河分流，北清河即济水。金元时代更有作为黄河的一支，但历史上从未作过黄河的干流。今天的黄河大体上也可以说是清济泛道。

南流中除了汴水泛道外，以泗水泛道行水时间最长。泗水泛道形成于公元前132年（汉武帝元光三年）瓠子决口，大河干流直泄巨野泽，经泗水，注入淮河，是历史上河水南汇入淮的第一次，行水历二十四年。以后相当长一段时间就没有出现过黄河正流大规模南泛的情况。直至公元983年、1000年、1019年黄河先后在滑州决口冲入梁山泊，南泛由泗入淮。1077年大河由南北清河分流，南清河即泗水泛道。金元时代黄河多次冲决于鲁西南地区，多由泗水入淮。明清时代泗水为黄河和运河的一部分，与汴水泛道同为黄河的干流。濉水泛道开始于元初走汴水泛道的一支黄河在杞县一带决口，部分河水决入濉河。黄河走濉水泛道以明一代的时间最长，洪武二十三年（1390）黄河在归德决口，流向夏邑、永城一带，应该就是濉河泛道。弘治三年（1490）白昂治河，把疏浚濉河作为重点工程之一，嘉靖十三年（1534）时濉河一度为黄河正流所经。万历以后濉河还不时为黄河的泛道。颍涡泛道开始于元至元二十三年（1286），当时黄河除了汴水泛道外，还分二支：一支入颍，一支入涡。以后黄河入涡入颍成为经常的现象。明洪武二十四年（1391）黄河正流由颍河入淮，称为“大黄河”，原来的正流“贾鲁河”反成了“小黄河”。至永乐九年（1411）河复故道，颍河作为黄河正流约二十年。永乐十四年（1416）涡河泛道成为黄河正流，正统十三年（1448）颍涡两股又分泄黄河相当一部分流量。弘治二年（1489）黄河分为东、北、南三派，南派为颍、涡二道，占全部河水流量的三分之一。至万历三十三年（1605）徐州以上淤黄河道开始固定，才比较稳定。此后至1855年铜瓦厢决口前的350年间，黄河走颍涡泛道的有十次，但主流多由涡河而下，入颍河的仅一二次。不过泛期从未超过两年，灾情不重[1]。1938年蒋匪扒开花园口，黄水全部走颍涡泛道，历时九年，在历史上也是少有的。

第三，历代黄河决溢地点的变化也有一定的规律性。历史上已经有人注意过这个变化规律，如王莽时长水校尉关并、宋代的欧阳修等。今人已有对宋代京东故道（唐大河）在61年间决口地点变化的情况作了分析，认为决口地点的变化趋势是：开始决溢常在滨海一带发生，以后则向上部移动，然后再自下而上地循环。在这种循环过程中，就使河道逐渐淤高，汛期就容易造成决口[2]。

其次，决口的地点与泛道也有着一定的联系。如以黄河历史前半期漯川泛道为例，黄河在滑县一带决口，河水多冲入巨野泽分南北清河入海。如汉武帝时瓠子决口，唐乾宁三年（896），五代梁龙德三年（923），晋天福六年（941）、九年（944）和北宋

---

1 罗来兴：《1938—1947年间的黄河南泛》，《地理学报》1953年第2期。

2 水利电力部黄河水利委员会编：《人民黄河》，第62—63页。

天禧三年（1019）的决口都是如此。黄河在今山东馆陶一带决口，决于北岸，多冲向河北平原，如汉武帝时馆陶决口分出屯氏河；决于南岸，必东流泛滥于济、漯一带，如西汉成帝建始四年（前29）。在澶州（今濮阳东）至大名一带决于南岸，黄水必东流于山东入海，如北宋景祐元年（1034）横陇故道，嘉祐五年（1060）的东流便是；在澶州至大名一带决于北岸，则往往北流合御河至渤海湾西岸入海，北宋时代三次北流就是。北宋前期决口多集中在滑、澶一带，其时以东流为主，后期决口多集中在澶、大名一带，其时以北流为主。金元以后，黄河正流多经汴道，黄河在原武、阳武一带决口大多东南流入封丘、开封、归德一带，如金大定年间（1161—1189）、明昌五年（1194）。在封丘金龙口北决，则冲入张秋运河，以明代前期次数最多。在荥泽、中牟、开封一带决口，多南决入涡颍泛道入淮，如永乐十四年（1416）、正统十三年（1448）、崇祯十五年（1642）等。总之，历史上黄河的决溢地点和各条泛道之间有着必然的联系。这种关系主要是地势上的原因。从一个时期某一条泛道反复出现次数特别多的现象，可以说明某一河段是当时黄河的险工，黄河主流在这一河段变化最大。反之，可以说明某一河段堤防比较巩固，主流变化较少。

邹逸麟先生遗著两种

安阳历史地理

安阳是我国既有文字可据，又经考古证实的第一个古都殷墟的所在地。早在三千多年以前，商王盘庚十四年迁都于此，传八代十二王，至商亡，历时 273 年。商亡后殷都为墟。公元前 7 世纪春秋齐桓公时，在安阳北四十里处建邺。前 5 世纪战国初魏文侯曾都于此，此后魏文侯迁都他处，其地位遂为邯郸所替代。东汉末为冀州治所。3 世纪初曹操为魏公、魏王建府于邺，经他的经营，邺城又再度成为黄河中下游地区实际上的政治、经济和文化中心，后世称为邺都。220 年曹丕代汉，次年定都洛阳，邺为五都之一。晋惠帝八王之乱时，邺也曾一度成为黄河中下游地区实际上的政治中心。十六国时后赵、冉魏、前燕，北朝东魏、北齐相继都此，合计 78 年。北周时仍为相州、魏郡治所。自 580 年杨坚焚毁都城，故址成为一片废墟后，渐为人们所遗忘。论建都开始的时间，安阳远比西安要早二百多年；论建都历时久暂，自殷算起，安阳的殷墟为商后期都城 273 年，市东北四十里邺城，自曹操起历十六国北朝为都城共 95 年，合计近 370 年，比开封、杭州要长得多。由此可见，近几十年来，把安阳排斥在古都之外，是多么不合理。著名历史地理学家谭其骧教授首先将安阳与西安、洛阳、北京、开封、南京、杭州并列为我国古代七大古都之一。这个看法很快被学术界所接受。今天回顾一下安阳的历史并且展望它的未来，对了解我国古代都城发展的历史，规划今天安阳城市建设，发展未来安阳经济文化，无疑是很有意义的。

一、远古时代的自然环境与人文环境

安阳位于今河南省的最北部，与河北省南部毗邻。地处太行山东麓与华北大平原交接地带。西部为山岗丘陵，东部为漳、洹河冲积扇。地势平坦，气温适中，水分充足，土壤肥沃，农牧皆宜。远古时代人们就在这里生息和繁衍，是黄河流域华夏文明发祥地之一。

目前在安阳市发现的最早的原始人活动的遗迹，是市西南约30公里小南海附近洞穴中发现的旧石器时代遗址，地质年代属晚更新世，距今22 000—11 000年，前后延续一万多年。遗址位于群山环峙的峪谷中，洹河河道穿谷而过。峡谷以东约 1 公里是广阔的黄土平原。当时人们过着穴居的生活，在洞穴中随伴出土的动物化石十分丰富，有生活在森林地带的猩猩、野猪、豹、鹿类和生活在草原地带的野驴、披毛犀、狼及羚羊等，同时还有水牛和安氏鸵鸟化石的发现。这说明远古时代小南海地区有着大片茂密的森林和广阔的草原，又傍有河流和沼泽，近处还可能有相当干燥的沙地。这种丰富多样的自然环境，为原始人类从事狩猎采集活动提供了良好的场所。

进入新石器时代，安阳地区原始社会人类的聚落有显著的增加。安阳市洹河南岸的后冈遗址，以代表黄河中游新石器时代仰韶文化、河南龙山文化和青铜时代商文化的“三叠层”而著称。遗址面积约 10 万平方米。发现的仰韶文化墓葬和陶器，据碳 14 测定，年代约为公元前 4390—前 4180 年。河南龙山文化遗存主要是 39 座房子，绝大多数为圆形或不规则圆形的白灰面地面式建筑，直径一般为 3.6—5 米，中间有微隆起的圆形灶面。据碳 14 测定，年代约为公元前 2780—前 2100 年。说明当时人们已过着长期的定居生活，并形成了村落。商代遗存是一个不小的祭祀坑，内埋人骨 73 个个体。同时还发现不少青铜器和陶器，以及成堆的贝、谷物和烧焦的麻丝织物等。经考古鉴定，认为这是晚商时期的一个祭祀坑，所埋死者为祭祀的人牲[1]。我们可以认为，从仰韶文化时期开始延续下来，这里一直是一个原始人群居民聚落，到晚商时期已有二千多年历史了。

此外，在安阳境内还发现不少古人类遗址，大正集老磨冈遗址发现有仰韶、早商和汉文化的堆积，鲍家营是单纯的仰韶文化遗址，大寒南冈是仰韶、河南龙山和西周文化相叠交的遗址，郭村西南台是商文化遗址[2]。与安阳接邻的有磁县下潘汪、界段营遗址，大体属于仰韶文化后冈类型。这些遗址为我们勾画了一幅史前时代安阳地区聚落的分布图。

安阳地区原始人类遗址分布和相叠关系，说明了从旧石器时代至商周，人们经过了从穴居狩猎到建筑房屋、从事农业与手工业的社会经济发展历程，有着一脉相承的文化关系。可以说距今 6 000 年开始，安阳已形成为黄河中下游交接地带的一个先民聚居区。安阳古聚落的形成，无疑是与地理环境有密切关系的。考古学家和古地理学家已证明，自仰韶期以来，黄河流域处于温暖湿润的环境之下，气温较今为高，降水也比今天丰

---

1 以上参阅《中国大百科全书·考古学》，中国大百科全书出版社 1986 年版，第 204 页“后冈遗址”条。

2 杨锡璋：《安阳洹河流域几个遗址试掘》，《考古》1965 年第 7 期。

富，森林草原分布广阔而茂密，河流和湖泊十分发育，安阳地区当不例外。从殷墟出土的动物遗骸中发现有獐、竹鼠、水牛、象和貘，说明直至商代后期，安阳地区仍处在温暖湿润的气候条件下，给原始先民的生存提供了优越的环境。同时安阳的先民聚落又与河北境内正定、邢台、邯郸、永年、磁县、武安和河南境内汤阴、淇县、新乡、许昌等一系列新石器时代遗址一样，都分布在太行山、豫西山地东麓的一条南北交通大道上。而安阳又特定地处于从太行山发源的漳、洹河河谷东西谷道与太行山东麓交通大道的交会点上，这就使居住在安阳的先民在开展与各部族之间的经济、文化交往中处于十分有利的位置。由此可见，商朝后期王都屡迁，商王盘庚最终迁都于此，至商亡而不变，绝不是偶然的，而是经过精心考虑规划以后颇有远见的决策。

二、我国古代最早有确址可考的都城——殷墟

商族起源于黄河下游地区，兴起以后政治中心曾多次迁移。

据史书记载，从始祖契至汤十四世中八次迁都[1]。成汤灭夏以后又有五次迁移，至盘庚才迁都于殷墟。商代历次所迁都城的确址，历史学家说法不一。就是已经发现的郑州商城、偃师商城，究竟商都于哪一个城，学术界也还没有定论。只有安阳市西北小屯村的殷墟，既有文献记载又经半个多世纪考古发展证实为商代最后一个王都，获得国内外学术界的一致公认。

殷墟名称和地望，最早记载的文献是《竹书纪年》。其云："盘庚自奄迁于北蒙，曰殷墟。南去邺四十里（一作三十里）。"[2]以后《史记·宋微子世家》里也提到过"殷虚"[3]。《项羽本纪》还说："项羽乃与（章邯）期洹水南殷虚上。"[4]但殷墟的确切位置则是20世纪初才弄明白的。

上世纪末[5]，安阳西北小屯村的农民将农田中翻掘出来的龟甲和牛肩胛骨作为"龙骨"出售给中药铺，以后流传至京津一带，为在京的金石学家王懿荣所发现。王氏见龙骨上刻有篆文，

1　王国维：《说自契至于成汤八迁》，《观堂集林》卷十二，中华书局1959年版，第515—516页。

2　《史记》卷三《殷本纪》注引《竹书纪年》，中华书局1982年点校本，第91页。

3　《史记》卷三八《宋微子世家》，第1620页。

4　《史记》卷七《项羽本纪》，第309页。

5　整理者按：指19世纪末。

知道是一批古物，于是以高价收购。同时也有不少古董商和研究金石的人通过不同途径进行收购，比较著名的有王襄、刘鹗等人，但他们都不知道甲骨出土的确切地点。本世纪初[1]，经过罗振玉的调查，才弄清了甲骨出土于安阳小屯，并去实地考察和发掘，收集了大批甲骨文，编印了《殷墟书契》(前编、后编、续编)、《殷墟书契菁华》等重要材料，还与王国维一起结合古文献记载进行考订，确认小屯村为盘庚以后的殷王都，也就是文献上的"殷墟"。从此，商代后期王都的遗址遂被确定。湮没了数千年的古都，才重白于天下。

用现代科学方法对殷墟进行发掘始于1928年。1928—1937年九年间，共发掘十五次，后因抗战军兴而停止。中华人民共和国建立后，1950年重新恢复中断了十三年的殷墟发掘工作，至1986年进行多次大规模发掘和清理，取得了很大的收获，对殷王朝后期王都的规模、布局等大概轮廓已有了基本的了解。

今天已知殷墟的范围：东起郭家湾，西至北莘庄，长约6公里；南起苗圃北地，东北至三家庄，宽约4公里，总面积24平方公里。

洹河南岸小屯村东北地为商代宫殿、宗庙区，是殷墟的主要部分。宫殿范围内，"水沟"纵横，窖穴密布，已发现了夯土建

1　整理者按：指20世纪初。

筑的基址 56 座。基址平面有矩形、近正方形、凸形、凹形、条形和圆墩形等，大多居东西向。其中最大的基址南北长 85 米，东西宽 14.5 米；中等的南北长约 46.7 米，东西宽约 10.7 米；最小的为 2.3 米 ×1.85 米。建造的时间有先后，但整个布局显然是经过周密的规划，是巨大的工程。宫殿建造用填基法和挖基法。填基法即利用原有洼地或早期遗迹如窖穴填实夯筑而成，挖基法是在地面上挖好屋基，用土夯实而成。筑基以后即置础，用础多为砾石，还发现一部分的铜础，用料有特制的锅状或盖状铜础和不固定状的铜片。房架用木柱支撑，墙用版筑，未发现瓦，可能有茅草盖顶。在奠基、置础、安门时多用人、兽埋葬。安门时埋的多为持盾执戈的武装侍从，多作跪状。人数多的达 5—6 人，分置门的两侧和当门处。在中心区以西约 200 米处，有一条长 750 米、宽 7—21 米、深 5—10 米，由西南向东北伸展，直抵洹河南岸的灰沟，这是王宫的人工防御设施。宫殿、宗庙区周围分布有手工业作坊、居民住地和平民墓葬。较大的如小屯村有商王室的玉器作坊，小屯南苗圃北地发现有铸铜遗址，在薛家庄、孝民屯西北也发现了铸铜遗址，都是制造礼器和农具的作坊。在北莘庄南、大司空村南地都发现有制骨作坊。

洹河北岸的侯家庄、西北冈、前小营和武官村之间的一片墓地是殷王朝王陵区，与宫殿遗址隔河相望。已发掘大墓 13 座，有大量殉人和人牲，多的达 164 人。还有各种无数的各种精美的铜、石、玉、骨、牙器。这些墓主绝非一般的贵族，而是当时的最高统治者。在武官村大墓之南，有排列密集的人祭坑。考古学界认为这一带应为商王室祭祀祖先的场所。

在宫殿区、王陵区周围还有许多分散的居民点。在大司空村、高楼庄、薛家庄和四盘磨等地，都还发现有简陋的地面式房基和小墓群，可能是一般自由平民的居住地；圆形和半圆形的半地穴，小的只有直径 2 米左右，大的约在 7 米以上，浅的 1—2 米，深的 5—6 米，大约是奴隶们居住的地方。

从殷墟残留建筑来看，反映了当时奴隶制国家统治中心的社会面貌。

关于商都殷墟还有两个问题受到大家关注。一个是殷墟城墙问题。自从 1928 年开始，在五十多年的殷墟考古发掘中，迄今为止还没有发现任何有关城墙的迹象。有的学者认为已发现的郑州商城、偃师商城都比殷墟早，且都有了城墙。作为商代后期的王都，却没建造城墙，是不可想象的。因此对殷墟是不是殷都表示怀疑。对这个问题，商都论者有几种解释：一是据殷墟出土的甲骨文中有在洹水畔筑城的占卜记载，当时很可能已筑有城。后因年代久远，耕种翻地而被铲平。另一种意见认为，殷墟范围不止现今发掘的 24 平方公里，城墙可能还在此范围之外，故尚未发现。还有一种看法认为，殷墟所处地理位置险要，“左孟门而右漳、滏，前带河，后被山”[1]，再兼盘庚、武丁时国力强盛，无须筑城。小屯村中心区以西200米处的一条壕沟，就是宫殿区周围人工挖成的防御设施。上述几点看法各有一定的根据，但还没有完全解决这个问题。殷墟究竟有没有城墙的问题，还有待考古发掘和研究工作的进一步深入。

另一个问题是盘庚迁殷以后至商亡，有没有再迁过都，对于古文献记载中帝乙、帝辛（纣王）都于朝歌（古沫邑）的说法如何理解。考古学家们认为，小屯西北王陵区反映的殷墟文化四期，第四期即为帝乙、帝辛时期，同时在殷墟出土的甲骨片中帝乙、帝辛时期有四千余片，足证商亡以前一直都于此。至于纣王都朝歌，那是早期都城的一种体制。商代社会生产以农业为主，兼营畜牧业，政治上统治着众多的分散部落，因此不能仅有一个政治中心，而是推行一种两都或数都并存的制度。这种制度一直沿袭到后代，如春秋战国时齐国五都以及辽金时代的五京、五都制度。朝歌应该是商都末期王畿之内的一个别都[2]，纣王常年居

---

1 〔汉〕刘向编集，贺伟、侯仰军点校：《战国策》卷二十二《魏策一》，齐鲁书社2005年版，第244页。

2 参阅李民：《商代后期都城新探》，收入段长山主编：《安阳古都研究（一）》，河南人民出版社1988年版。

此，而不是迁都于朝歌。

殷墟为盘庚至帝辛时期的商代王都已无可怀疑。《竹书纪年》说："自盘庚徙殷，至纣之灭，七（二）百七十三年，更不徙都。纣时稍大其邑，南距朝歌，北据邯郸及沙丘，皆为离宫别馆。"[1] 商代历史以盘庚迁殷分为前后两期是正确的。

盘庚（第二十位商王）迁殷以后，"行汤之政，然后百姓由宁，殷道复兴"[2]，加强了商王室的统治，为商朝的发展奠定了基础。不久到了武丁（第二十三位商王）时期，征服了居住在今山西、陕北直至内蒙古河套以北的土方、𢀛方和鬼方等游牧部落，向南又征伐过江淮流域许多方国、部落。武丁以前，商朝的势力北面扩展到了易水流域，南抵淮河，西至太行山脉，东至于海；武丁以后，商朝势力更为强大，东北可能到了辽宁，西南至川陕，南抵江淮，西南越过太行山进入山西高原，其兵锋所及更远至长江以南地区，成为古代东方强大的奴隶制国家。与殷墟时代相当的商代遗址分布很广，河南北部、西部和南部，河北中西部，晋西北、山东以及江苏、安徽、湖南、湖北、江西同时代遗

---

1 《史记》卷三《殷本纪》注引《竹书纪年》，第 106 页。整理者按：《史记·殷本纪》正义引《括地志》引《竹书纪年》作"二百五十三年"。

2 《史记》卷三《殷本纪》，第 102 页。

址都见有不同程度的殷墟文化的成分，可见当时商王朝势力影响之大。安阳殷墟就是这个政区后期的政治中心，历八世十二王，共达 273 年。

殷墟不仅是当时的政治中心，也是商王朝后期的经济、文化中心。夏鼐同志在《中国文明的起源》一文中指出："商代殷墟文化实在是一个灿烂的文明，具有都市、文字和青铜三个要素。"[1] 文字是人类文明的标志。近九十年来，在殷墟出土的占卜甲骨有 15 万余片，已有近 5 000 个单字，可以识定汉字约 1 700 字。殷墟文字相当成熟，"六书"齐备，反映了商代政治中心文化发展的高度。

商代是农业比较发达的社会，都城殷墟周围也是一个发达的农业区。在殷墟宫殿区内属于王室贵族的一个窖藏圆穴里，曾发现了四百多把有使用痕迹的石镰刀，比较集中地堆放着，那是农业奴隶劳动工具的集中场所。同时在安阳大司空村、苗圃都出土有青铜铲。殷墟出土的甲骨文已有禾、黍、麦等文字，以及在殷墟遗址发现大量贮藏粮食的窖穴，都说明殷墟地区是商王朝的一个农业中心。殷墟的畜牧业也十分蕃盛，出土的家畜有牛、羊、马、猪、犬等遗骸，主要用来食用、祭祀和用作耕作播种的动力。

1　夏鼐：《中国古代文明的起源》，文物出版社 1985 年版，第 92 页。

农业、畜牧业的发展也促进了有关科学文化的发展。殷墟甲骨文中已有很详细的天象记录。卜辞中关于日蚀（食）、月蚀（食）和星辰的记载，是世界上最早的天文学资料。同时已产生相当完备的历法，知道一年分四时、十二个月，月有大小，还知道有闰月，即古书上记载“以闰月定四时，成岁”[1]。此外，科学技术方面，关于气象变化的知识，那是更为丰富了，卜辞中祈求雨晴的记录是最多的。在数学方面已采用十进位，这在世界数学史上也占领先地位。同时还有六十进位制，这就是干支记时法，是世界上最早的日历。从甲骨文的记载可以看出，商代医生已有丰富的关于人体的疾病医疗和药物知识。陶器制造技术更为完善，殷墟能生产大量外形美观、坚硬实用的印纹硬陶，是当时陶器的珍品刻纹白陶的主要产地，这是我国陶瓷史上的杰作。青铜器制造为殷代技术文明的代表，被认为是世界艺术史上的奇迹。晚商的青铜工业主要是由王室和大贵族所控制的，因而在王都殷墟集中了更多的作坊，成为全国青铜铸造业的中心地区。如安阳武官村出土的司母戊方鼎，重达 875 公斤。这一巨型青铜器为古代世界青铜文化的代表，反映了高超的冶铸技术。妇好墓出土的偶方彝、四羊方尊等也都是精美瑰丽的艺术珍品。此外，从出土的遗

1 《尚书·尧典》，陈戍国导读、校注，岳麓书社 2019 年版，第 2 页。

物可见，精细无比的玉雕、牙雕、纺织、酿酒技术和工艺都已达到当时世界领先水平，反映了殷王朝后期都城集中了大批具有高度文化技术的人才，手工业已达到相当高的水平，并有了分工。

殷墟的农业、畜牧业、手工业如此发达，为商业的发展提供了物资基础。殷墟彝器金文中出现“市”字，甲骨文中也有“贝”字。在殷墟晚商墓葬中，出现大量殉贝。大司空村发掘的165座殷墓，83座有殉贝，共得贝234件，其中两座墓并有铜贝3枚。在殷墟西区的墓葬发掘出342座有殉贝。妇好墓中有殉贝近7 000枚。这些大量殉贝都是以贝币形式随葬的，反映了当时殷都是发达的商业中心。这些殉贝无疑是产于东海之滨，很可能是通过贸易作为货币交换而来的，说明当时有比较频繁的商业活动。

《尚书·酒诰》中说商人“肇牵牛车，远服贾”，可以推断王都殷墟也有不少专业商人。甲骨文中“舟”“车”文字的出现和安阳殷墟商代后期青铜车马器的发现都可以作为商业中心的佐证。

殷墟既是商代后期273年的政治中心，必然也是当时商王朝的军事中心。在殷墟宗庙遗址前发现的一群祭祀坑，就是按照一定的军事组织和作战部署排列的。还发现有五辆战车编队，反映王都附近部署有大批军队。

殷墟当时名称应作“北蒙”，何时成为废墟？

《逸周书·作雒解》：“武王克殷，乃立王子禄父，俾守商祀。”[1]《史记·殷本纪》：周武王灭殷后“封纣子武庚禄父，以续殷祀，令修行盘庚之政。殷民大说”[2]。《周本纪》载武王至商国“修社及商纣宫”[3]，没有毁坏殷都的记载。

周武王灭殷后没有几年，箕子朝周，路过故殷墟，感宫室毁坏，生禾黍，箕子伤之，欲哭则不可，欲泣，为其近妇人，乃作麦秀之诗以歌咏之。其诗曰：“麦秀渐渐兮，禾黍油油，彼狡童兮，不与我好兮。”“所谓狡童，即纣也。殷民闻之，皆为流涕。”[4]可见宫殿故址已种庄稼。后周公平三监之乱，杀武庚禄父，大迁殷民，一部分迁于宋，一部分迁卫，殷都才人空，渐为废墟[5]。

三、邺城与安阳[6]

商亡以后，安阳殷都沦为废墟。到了春秋战国时代，安阳又

1 《逸周书》卷五《作雒解》第四十八，辽宁教育出版社 1997 年版，第 40 页。

2 《史记》卷三《殷本纪》，第 108 页。

3 《史记》卷四《周本纪》，第 125 页。

4 《史记》卷三十八《宋微子世家》，第 1621 页。

5 张之：《殷都何时成为废墟》，《中原文物》1983 年第 1 期。

6 整理者按：此处标题为整理者代拟。

兴起了两个重要城市，一个是邺城，一个是安阳。

古邺城位于今河北临漳县西南17.5公里的三台村，南距河南安阳市约二十公里，分为南北两个城址，北邺城大部在今漳河北，北临故漳河；南邺城北墙即北城南垣，南城南门与今安阳县边界仅有三华里。

北城始建于春秋齐桓公时代。《管子·小匡》："筑五鹿、中牟、邺，盖与、社丘，以卫诸夏之地。"[1]即此。后地属晋。战国初年邺地属魏。魏文侯七年（前439）开始曾一度建都于此。《史记·魏世家》载，翟璜曰："君（文侯）内以邺为忧，臣进西门豹。"[2]《太平寰宇记》卷五十五《相州》载："《史记》曰：'魏文侯出征，以西门豹守邺。'即为魏都也。"[3]当时魏国是中原的一大强国，为争霸中原，即以邺城为其政治中心，经营东方。因此邺作为历史上的古都，应从战国初魏文侯时代讲起。

魏文侯时邺已置县，以西门豹为邺令。西门豹在邺令期间，为邺都经济、文化发展做了两件大事。

一是破除"河伯娶妇"的祸害。邺县位于漳河从太行山进入

---

1 《管子·小匡》，商务印书馆1947年版，第118页。

2 《史记》卷四四《魏世家》，第1840页。

3 《太平寰宇记》卷五五《相州》，中华书局2007年版，第1133页。

平原的地带，因河道比降突然平缓，时常泛滥为灾。地方上的乡官和巫师相勾结，谎称得为河伯（河神）娶妇才能使漳河安宁无患。每年要向当地人民赋敛数百万钱，其中二三十万用于“河伯娶妇”的仪式，就是将从民间挑选来的美女装饰打扮一番，举行婚姻仪式后投入河中，作为河伯的新妇。其余的钱即由乡官和巫祝私分。这种迷信的陋习给邺地带来严重的祸害，当地人民不仅在经济上为暴敛所虐，同时年轻女子的生命受到威胁，故民家多持女逃亡，致使邺城“益空无人”[1]，社会经济遭到严重影响。西门豹到任后，在一次河伯娶妇的仪式上，诡称送于河伯的女子不好，以向河伯报告为由，将大小巫祝投入河中，邺地吏民大为震恐，从此不敢复言为河伯娶妇之事，安定了当地的民心。

一是发动民众引漳水开十二渠，灌溉邺地农田。漳河发源于黄土高原，含沙量很高，出山后形成山前冲积扇，地势较高，坡度也大，易于引水。冲积扇东部则地势平坦，易泛滥而使土壤碱化。西门豹利用漳河水沙的特点，分多渠口引水灌溉，不仅补充了农作物的需水量，并且能够利用泥沙的有机质起到淤田加肥的作用，使邺县一带盐碱地得到改良，成为膏腴之地，“亩收一

---

1 《史记》卷一二六《滑稽列传》，第3211页。

钟”[1]（一钟等于六石四斗）。邺县所在的“河内”地区也成为魏国境内最富庶的地区。以后魏襄王时，史起为邺令，又在西门豹旧迹基础上改建后进行灌溉，民大受利。当时民歌曰：“邺有贤令兮为史公，决漳水兮灌邺旁，终古舄卤兮生稻粱。”[2]左思《魏都赋》：“西门溉其前，史起灌其后。”[3]战国末年，赵孝成王六年（前 260），“魏与赵邺”[4]，邺地属赵。

另一个城市就是安阳。故址一说在今市西北，一说在东南四十三里，确址不详。过去传统说法均据《史记·秦本纪》记载，昭襄王五十年（前 257），秦将王龁攻拔魏宁新中，改名安阳，是安阳地名出现的开始。近年有人认为《史记·赵世家》《廉颇列传》记载赵惠文王二十四年（前 275）“廉颇攻魏房陵、安阳”，即今天的安阳市。王龁改宁新中为安阳，在今新乡、焦作之间[5]。今虽尚无定论，但战国末年已有安阳出现，已无异议。

---

1 《论衡》卷第二《率性篇》，黄晖：《论衡校释》，中华书局 1990 年版，第 82 页。

2 《吕氏春秋》卷一六《先识览·乐成》，陈奇猷：《吕氏春秋新校释》，上海古籍出版社 2002 年版，第 1000 页。

3 〔晋〕左思：《魏都赋》，〔梁〕萧统：《昭明文选》卷六，〔唐〕李善注，韩放主校点，京华出版社 2000 年版，第 170 页。

4 《史记》卷四三《赵世家》，第 1831 页。

5 许作民：《宁新中更名安阳考辨》，《安阳史志通讯》1986 年第 3 期。

时邺与安阳是河北平原南部两个重要城市，为赵、魏二国国界所在，邺属赵，安阳属魏。秦灭六国，邺属邯郸郡，安阳属河内郡[1]。

汉初安阳废入荡阴，撤废的原因不详，可能与楚汉之际这一带频繁战争有关。汉高帝时置魏郡，治邺。西汉末年魏郡辖区广大，境内有西汉大河、邺东故大河以及滦、洹、滏诸水流经，领县十八，有户二十一万，口九十万，为冀州境内人口最多的郡。河北南部漳洹河流域的政治中心又回到了邺城。

东汉末桓、灵之间，冀州始理邺县[2]。公元 190 年袁绍领冀州牧，即以邺为驻地。以后又兼并了并、青、幽三州之地。邺便成为黄河中下游大部分地区的政治中心。建安九年（204）曹操攻克邺城，击败了袁氏，四州相继克平。曹操自领冀州，进而统一了黄河流域。建安十三年（208）曹操自署丞相。十八年封魏公，可以“置丞相已下群卿百寮，皆如汉初诸侯王之制”[3]。同年建魏社稷、宗庙，置尚书、侍中、六卿。二十一年进封魏王，设天子旌旗，出入称警跸。曹操即在邺召集群臣。此后黄河流域名

---

1 谭其骧:《秦郡界址考》，收入《长水集》上册，人民出版社 1987 年版。

2 《太平寰宇记》卷五五《相州》，第 1137 页。

3 《三国志》卷一《魏书·武帝纪》，中华书局 1982 年点校本，第 39 页。

义虽然还属汉朝，都城在许，但实际上的政权中心则在冀州、丞相府、魏都所在的邺[1]。

曹操时代的邺是邺都历史上的鼎盛时代。这一时期邺都的建设和社会经济政治地位，都发展到了一个规模空前的阶段。

先讲邺都社会经济政治地位的提高。东汉末年邺县是冀州、魏郡的治所。曹操自署丞相后，为了抬高邺县的地位，于建安十七年割河内郡的荡阴、朝歌、林虑，东郡的卫国、顿丘、东武阳、发干，巨鹿郡的瘿陶、曲周、南和，广平郡的任城，赵国的襄国、邯郸、易阳等十四个县属魏郡，加上原魏郡所领十五县，共二十九县。不仅在人口数，同时也在地域上成为冀州最大的一个郡，以邺县为中心的半径，北面包括了今河北任县，东面包括了今山东莘县、冠县，西南包括了淇水流域，南达于河。这方圆数百公里的土地，均包括在王畿范围之内。邺都的地位得到了空前的提高。其次，建安九年春正月，曹操为了攻打邺城运输粮秣的需要，“遏淇水入白沟，以通粮道”[2]。虽然那时邺城尚未攻下（同年八月攻克），但此举对以后邺城对外交通的发展起到了重要的作用。建安十一年（206）开平虏渠、泉

1　谭其骧：《中国历史上的七大首都》，《历史教学问题》1982 年第 1 期。

2　《三国志》卷一《魏书 · 武帝纪》，第 25 页。

州渠、新河；十八年又开利漕渠，凿渠引漳水入白沟以通河[1]。大致在今曲周、馆陶间沟通了漳水和白沟。这样邺都的水运可由漳水经利漕渠、白沟北达河北平原北端，北由黄河以达江淮。邺都成为黄河下游大平原水运的枢纽。其三，曹操为发展邺地的农业生产，修复和改建了西门豹的引漳工程，“堨漳水回流东注，号天井堰，二十里中作十二磴，磴相去三百步，令互相灌注，一源分为十二流，皆悬水门”[2]。磴是梯级，指横拦漳河的低溢流堰，二十里（一说疑为十二里之误）作了十二个堰，各相去300步（一步约五或六尺）。各渠引水口在堰南端上游，“皆悬水门”，指设有进水闸门，调节水量，邺都一带农业生产得到充分的发展。左思《魏都赋》云：“磴流十二，同源异口。畜为屯云，泄为行雨。水澍粳稌，陆莳稷黍。黝黝桑柘，油油麻纻。均田画畴，蕃庐错列。姜芋充茂，桃李荫翳。”邺都周围的生态环境处于良好的状态。“南瞻淇澳，则绿竹纯茂；北临漳滏，则冬夏异沼”[3]，邺地形势险要，环境优美，以至于晋永嘉年间石勒欲克平河北，张宾进劝“邺有三台之固，西接平阳，山河四

---

1 《三国志》卷一《魏书·武帝纪》，第28、42页。

2 〔北魏〕郦道元注，杨守敬、熊会贞疏：《水经注疏》卷一〇《浊漳水》，江苏古籍出版社1989年版，第934页。

3 〔晋〕左思：《魏都赋》，《昭明文选》卷六，第170、162页。

塞，宜北徙据之，以经营河北，河北既定，天下无处将军之右者矣”[1]。

曹操建设邺都，开创了我国古都史上的新局面。曹操在春秋齐桓公时的城垣基础上扩展的邺城，即今邺北城。明崔铣《彰德府志·邺都宫室志》：“邺都北城，自曹操基构”[2]，发动冀州民力，采用上党郡山区林木营造邺宫。据《水经·浊漳水注》记载，城东西七里，南北五里（按晋制计算，一尺为245厘米，一里合441米，合东西3 087米、南北2 205米），饰表以砖。城有七门：南三门，中曰中阳门（一名永阳门），东曰广阳门，西曰凤阳门；东垣为建春门；西垣为金明门（一名白门）；北垣东曰广德门，西曰厩门。

据左思《魏都赋》等文献记载，城内有一条东西大街，东通建春门，西接金明门，将全城分为南北两部分。北部为官署区，正中为宫殿区，又分为东西两部分，西部又为全城北半部的中心。正中为文昌殿，所谓“造文昌之广殿，极栋宇之弘规”[3]，为

---

1 〔宋〕司马光：《资治通鉴》卷八八《晋纪十》晋怀帝永嘉六年二月条，中华书局1956年版，第2777页。

2 嘉靖《彰德府志》卷八《邺都宫室志》，《天一阁藏明代方志选刊》第45册，上海古籍书店1982年影印，第11页。

3 〔晋〕左思：《魏都赋》，《昭明文选》卷六，第164页。

朝会四方、宴享宾客之处，国家大典在此举行。殿前正对端门，端门之前南当南止车，又有东西止车门。端门之外，东有长春门，西有延秋门[1]。

东部为宫殿官署，正中为听政殿。《魏都赋》云：“左则中朝”，“听政作寝”。注云：“文昌殿东有听政殿，内朝所在也”，为曹操处理政务之所，为政权的中枢，建筑朴实无华，“木无雕锼，土无绨锦”，以示为政节俭。听政殿外向南依次为升贤门、宣明门、显阳门、司马门，其东侧为中央政府台省所在。由听政殿前的听政门至显阳门之间，东侧排列着听政闼、纳言闼、内医署和御史、符节、谒者三台阁及丞相诸曹。南出司马门，两旁又有相国府、御史大夫府、少府卿寺、奉常寺、大农寺、太仆卿寺、中尉寺等[2]。听政殿后为后宫掖庭，《魏都赋》载“于后则椒鹤文石，永巷壶术。楸梓木兰，次舍甲乙”[3]，是曹操起居之所。宫殿区之东为戚里，为宗室外戚贵族所居。

宫殿区以西为铜雀园，为王家囿苑。西城垣中部偏北，“因城为基”修筑了铜雀（中）、金虎（南）、冰井（北）三台。铜

1 〔晋〕左思：《魏都赋》，《昭明文选》卷六，第165页。

2 同上书，第165页。

3 同上书，第167页。

雀台筑于建安十五年（210），高十丈，有屋百一间。台成，曹操曾命诸子登台作赋。金虎台筑于建安十八年，高八丈，有屋百九间；冰井台筑于建安十九年，高八丈，有屋百四十五间，上有冰室，室有数井，井深十五丈，藏冰及石墨（煤），又有粟窖、盐窖以备不虞。三台皆有“阁道相通”，即深桥，施则相通，撤则各自中央悬绳，建筑宏伟，《魏都赋》所谓“三台列峙以峥嵘”者也。园内西部置武库、马厩和粮仓。西城偏南为库藏白藏库所在。《魏都赋》注：“白藏库在西城下，有屋一百七十四间。”[1]

东西大道以南为邺城南半部，有南北向的三条干道。中轴线干道由南门中阳门北通宫城端门和文昌殿。东面一条干道由广阳门北通官署中心司马门。西面一条干道由凤阳门北通铜雀园。东西干道与中轴线干道相交于宫门前，并建有三座止车门，形成一个关闭形的广场。三条干道的左右为居民区，划分为若干里坊。《魏都赋》所云“其间阎则长寿、吉阳、永平、思忠”者是。还有一部分官署府寺处其间，所以“设官分职，营处署居，夹之以府寺，班之以里间”。里坊间还有三市。《魏都赋》云：“廓三市而开廛，籍平逵而九达，班列肆以兼罗，设闤阓以襟

1 〔晋〕左思：《魏都赋》，《昭明文选》卷六，第174页。

带”；“百隧毂击，连轸万贯。凭轼捶马，袖幕纷半”；“质剂平而交易，刀布贸而无算”。百货纷呈，四方土产，均集于此，“真定之梨，故安之栗，醇酎中山，流湎千日，淇洹之笋，信都之枣，雍丘之粱，清流之稻，锦绣襄邑，罗绮朝歌，绵纩房子，缣总清河。若此之属，繁富夥够”。还有制造各种器用的手工业作坊，“器用周而长务，物背窳而就攻”。坊里间“街冲辐辏”，人口稠密[1]。《北堂书钞》卷七七引曹操《选举令》：“今邺县甚大，一乡万数千户，兼人之吏，未易得也。”[2]《三国志·魏志·贾逵传》：“文帝即王位，以邺县户数万在都下，多不法，乃以逵为邺令。”[3]

城市水源是引漳水入铜雀园，进入宫城，分流入坊里间，然后由建春门附近流出城外。曹操又自邺城西北引漳水“自城西东入，径铜雀台下，伏流入城东注，谓之长明沟也。渠水又南，径止车门下。魏武封于邺，为北宫，宫有文昌殿。沟水南北夹道，枝流引灌，所在通溉，东出石窦堰下，注之隍水。故魏武《登

---

1 〔晋〕左思：《魏都赋》，《昭明文选》卷六，第171、172、173、183页。
2 《北堂书钞》卷七七，文海出版社1978年版，第339页。
3 《三国志》卷一五《魏书·贾逵传》，中华书局1959年点校本，第482页。

台赋》曰‘引长明，灌街里’，谓此渠也”[1]。《魏都赋》：“内则街冲辐辏，朱阙结隅，石杠飞梁，出控漳渠，疏通沟以滨路，罗青槐以荫涂。”李善注云：“石窦桥在宫东，其水流入南北里……魏武帝时，堰漳水，在邺西十里，名曰漳渠堰，东入邺城，经宫中东出，南北二沟夹道，东行出城，所经石窦者也。”又云：“长寿、吉阳二里在宫东，中当石窦，吉阳南入，长寿北入，皆贵里。”[2]

整个城市布局分明而有规则，交通便利，改变了东汉洛阳城宫殿区分散、东西交通不便的缺点。宫殿区建筑群布置严整，已有明显中轴线，并置于城的北部，改变了“面朝后市”的传统。宫殿官署区同样布局严密，进入司马门于道两边置各种官署，后半部为曹操后宫，乃按“前朝后寝”的制度规划的，“壮丽见于文昌、听政等殿，金虎、铜雀之台，鸣鹤、楸梓之宫”[3]。北城西端三台，为曹操邺城著名建筑，因邺城处于平原地带，无险可守。故三台平地矗立，实有政治威势的象征和军事堡垒的双重作

---

1 〔北魏〕郦道元注，杨守敬、熊会贞疏：《水经注疏》卷十《浊漳水》，第935、936页。

2 〔晋〕左思：《魏都赋》，《昭明文选》卷六，第171、172页。

3 嘉靖《彰德府志》卷八《邺都宫室志》，《天一阁藏明代方志选刊》第45册，第11页。

用，附近有兵器、粮秣库藏，亦与此有关。

曹魏时邺城的规制布局在古代都城史上有划时代的意义。一是宫城、官署与居民里坊截然分开，不像汉代长安、洛阳那样宫城与里坊相参，是加强统治阶级威严和人民强烈对立的反映；一是古代都城首先出现中轴线和对称布局，对后代都城的规制有很大影响。

邺都的周围有着优美的生活环境。邺城之西有玄武苑，苑内有曹操在建安十三年引漳水所凿的玄武池，原为训练水军之处，后为一风景区。苑内有鱼梁、钓台、竹林、葡萄园。城西还有灵芝园，城东芳林园，环境优美。

黄初元年（220）曹丕代汉，次年移都洛阳，移邺为北都，与长安、洛阳、许、谯为五都之一。于是分魏郡东部都尉为阳平郡、西部都尉为广平郡，与魏郡合称三魏。三魏之地，在当时为河北平原最富庶的地区。

西晋时邺城仍为魏郡治所。晋惠帝时八王之乱，成都王颖盘踞于邺，后任丞相，史载："颖悬执朝政，事无巨细，皆就邺咨之。""制度一依魏武故事，乘舆服御皆迁于邺。"[1]当时的邺城与建安年间相似，成为西晋王朝实际上的政治中心。永兴元年

---

1 《晋书》卷五九《成都王颖传》，中华书局1974年点校本，第1617页。

（304）东海王司马越奉惠帝命讨颖，兵败，惠帝被颖俘至邺城，又改元建武，邺成为实际上的都城。司马颖还表匈奴左贤王刘渊为冠军将军，监五部军事，使将兵在邺，以助其势。同年幽州都督王浚讨颖，攻入邺城，"士众暴掠，死者甚众"[1]。社会经济遭到影响，但城市建筑尚未被破坏，故事后邺仍为河北南部的一方军事重镇。如东海王司马越使司马模都督冀州诸军事镇邺，范阳王司马虓为司空镇邺，东燕王司马腾为车骑将军，都督邺城诸军事，后又都督司、冀二州诸军事，皆镇邺。永嘉元年（307），汲桑、石勒攻入邺城，"遂烧邺，火旬日不灭。杀士民万余人，大掠而去"。胡三省注云："袁绍据邺，始营宫室，魏武帝又增而广之，至是悉为灰烬矣。"[2]

曹操据冀州以邺为都，至公元221年移都洛阳，作都十七年。至咸熙二年（265）司马氏灭魏建晋，共作陪都44年。

晋愍帝时为避司马邺讳，改邺县为临漳县[3]。这是临漳县名的始见，但习惯上仍称邺县。313年石勒攻下邺城，复称邺县，

---

1 《资治通鉴》卷八五《晋纪七》晋惠帝永兴元年正月条，第2698、2701页。

2 《资治通鉴》卷八六《晋纪八》晋怀帝永嘉元年二月条，第2728页。

3 〔唐〕李吉甫撰，贺次君点校：《元和郡县图志》卷一六《河北道一》相州，中华书局1983年版，第452页。

旋以石虎为魏郡太守镇邺。当时后赵石勒建都襄国，但他有重新营建邺城的意愿，因受到臣下的劝阻而罢。以后石勒又以其子石弘镇邺，修缮了三台，加强了兵备，作为都城襄国外围的一个重要军事重镇。330 年石勒即皇帝位，又欲营建邺宫，因廷尉续咸、尚书令徐光切谏而止。331 年秋，中山国境太行山洪瀑发，流漂巨木百余万株集于堂阳（今河北新河北）。石勒谓公卿曰："诸卿知不？此非为灾也，天意欲吾营邺都耳。"[1] 于是令少府任汪，都水使者张渐等监营邺宫，勒亲自筹划，使邺宫初具规模。

334 年石虎即位，335 年迁都于邺，以襄国为陪都。次年即开始大规模营建邺都，进入邺都城市发展史上的鼎盛时代。石虎时代对邺都的营建，可分为三个部分。

一、大规模新建宫殿，在曹魏文昌殿旧基上建太武殿及东西二宫[2]。太武殿是朝会正殿，基高二丈八尺，采谷城山文石为基，下有伏室（地下室），有五百武士宿卫。殿广东西七十五步、南

---

1 《晋书》卷一百五《石勒载记下》，中华书局 1974 年点校本，第 2748 页。

2 《晋书》卷一百六《石季龙载记上》："于襄国起太武殿，于邺造东西宫。"（第 2765 页）按《水经注·浊漳水》："石氏于文昌故殿处造东西太武二殿。"（第 936 页）《晋书》卷一百七《石季龙载记下》，石虎死，石遵即尊位于太武前殿。则太武殿在邺。

北六十五步，“皆漆瓦、金铛、银楹、金柱、珠帘、玉壁，穷极伎巧”[1]，殿内装饰极其奢华，东西宫（或作东西殿、东西堂）在太武殿两侧，为宫寝便殿之厅。又在宫殿区建造琨华殿、晖华殿、金华殿、御龙观、宣武观、东明观、凌霄观、如意观、披云楼等建筑。又在铜雀园铜雀台东北建九华宫，沈约诗有“照耀三爵台，徘徊九华殿”句[2]。九华宫正殿为显阳殿，北有逍遥楼，“南临宫宇，北望漳水”[3]。显阳殿后又有灵凤台，共“起台观四十余所”[4]。又迁洛阳锺虡、九龙、翁仲、铜驼、飞廉于邺，置于诸宫之前，以华观瞻。石虎又于北城垣上建齐斗楼，“超出群榭，孤高特立”[5]。

二、修缮、扩建原有建筑。增高铜雀台二丈，又在其上建屋，屋上增筑五层楼，高十五丈，去地共高二十七丈。又铸铜雀于楼巅，高一丈五尺，“舒翼若飞”。增修了的三台“更加崇饰，甚于魏初”。凤阳门高三十五丈，石氏作层观架其上，置铜

---

1 《晋书》卷一百六《石季龙载记上》，第2765页。

2 沈约：《登台望秋月》，〔梁〕徐陵编：《玉台新咏》卷九，中国书店1986年版，第237页。

3 嘉靖《彰德府志》卷八《邺都宫室志》逍遥楼下注引《邺中记》，《天一阁藏明代方志选刊》第45册，第6页。

4 《晋书》卷一百六《石季龙载记上》，第2772页。

5 《水经注》卷一〇《浊漳水》，第941页。

凤二，头高一丈六尺。邺人歌曰："凤阳门南天一半，上有金凤相飞唤。"未到邺城七八里，即可遥望此门。三门相对各有正殿，置于铜雀穿二井，"作铁梁地道以通井，号曰'命子窟'，于井中多置财宝饮食，以悦蕃客曰胜"[1]。

三、邺都外围的建设。石虎发动近郡男女十六万，车十万辆，运土于邺东二里筑华林苑垣，并筑长墙于邺北，周环广长数十里，起三观、四门，三门通漳水，皆为铁扇。邺城西三里有桑梓苑，苑中有临漳宫。在襄国和邺都之间二百里，四十里修一宫，有大小离宫别馆四十四所。又凿北城，引漳水入华林苑，种植奇花异草，无不荣茂。

石赵时代邺都城内宏伟壮丽，"百步一楼，凡诸宫殿门台隅雉，皆加观榭，层甍反宇，飞檐拂云，图以丹青，色以轻素。当其全盛之时，去邺六七十里，远望苕亭，巍若仙居"[2]。成汉使者去后赵返回成都，"盛称邺中繁庶，宫殿壮丽"。当时邺都城中有多少人口，缺乏记载。后赵末年，冉闵之乱，城中羯胡"无贵贱男女少长皆斩之，死者二十余万"[3]。如果以羯胡人占1/2，则邺都

---

1 《水经注》卷一〇《浊漳水》，第939—941页。

2 同上书，第941页。

3 《晋书》卷一百七《石季龙载记下》，第2792页。

城内大约有近五十万人口，在当时可以算得上一个很大的城市。

到 349 年冉闵之乱，在邺都的石氏家族全被杀戮。石赵都邺（335—349）共十四年。以 331 年石勒修邺宫计起，石氏都邺十九年。350 年冉闵建国号魏，乃都邺。石虎子新兴王石衹在襄国即位。351 年石赵亡。352 年冉闵焚烧襄国宫室，迁其民于邺。352 年冉闵为前燕慕容儁所灭，都邺头尾三年。357 年燕王慕容儁自蓟迁都于邺，并修缮了铜雀台。370 年为前秦苻坚所灭，凡十三年。

370 年以后邺城虽然失去了都城的地位，但仍然是河北平原上的重镇。苻坚灭前燕后，即以重臣王猛为使持节、都督关东六州诸军事、车骑大将军、开府仪同三司、冀州牧，镇邺。385 年邺城为后燕慕容垂所得，后燕建都中山（今定州），以其子慕容农都督兖、豫、荆、徐、雍五州诸军事镇邺。397 年北魏拓跋珪攻拔中山，次年镇守在邺城的慕容德弃城南奔滑台（次年建南燕），邺城又为北魏所占。北魏政权在邺置行台，以经营黄河中下游地区。401 年北魏以邺行台所辖六郡（魏郡、阳平、广平、汲郡、顿丘、清河）置相州，大致同于曹操时代的魏郡，以取河亶甲居相为州名，是为相州之始。415 年，晋北高原“比岁霜旱，云、代之民多饥死”。太史令王亮、苏坦向魏主拓跋嗣建议迁都于邺，“可得丰乐”，未果，但也反映了邺城在北魏朝臣心中的地位。430 年刘宋将领到彦之北伐，军势盛猛。北魏以在河南兵少，在河南四镇（金墉、虎牢、滑台、碻磝）戍兵皆弃城北渡黄河，以杜超为都督冀、定、相三州诸军事，镇邺，为诸军节度[1]，成为河汾一大军镇。北魏太和十七年（493），孝文帝拓跋宏自平城迁都洛阳，途经邺城，筑宫室于邺西居之。次年春正月又在邺宫澄衷殿朝会群臣。永安二年（529）以侍中、车骑将军、尚书左仆射尔朱世荣为使持节、行台仆射大将军、相州刺史镇邺。以上史实说明，前燕以后，邺城虽不为都，但直至北魏末年一直是黄河下游平原除了都城以外的第一重要军事政治中心。

公元531年高欢以北魏丞相、柱国大将军、太师的身份驻邺。534年（东魏天平元年）高欢以洛阳久经丧乱、宫室残破为由，欲迁都于邺。魏孝武帝不同意。高欢于是截拦白沟上的漕船，不使入洛，诸州和籴粟，悉运入邺城，以作都邺的物资准备。旋高欢渡河，北魏孝武帝奔关中，依宇文泰。高欢进入洛阳，立清河王亶之子善见为帝，是为东魏孝静帝。魏从此分为东西魏。同年高欢挟孝静帝迁都邺，下令三日即行，户四十万从洛阳狼狈就道。开始居于曹魏、后赵以来的邺城（北城）相州公廨，并改相州为司州，以魏郡太守为魏尹，分邺县置临漳县，同城而治。以魏郡、林虑、广平、阳平、顿丘、汲郡、黎阳、东

1 《资治通鉴》卷一二一《宋纪三》宋文帝元嘉七年六月条，第3818页。

郡、濮阳、清河、广宗等郡为皇畿[1]。550年高洋废东魏孝静帝自立，国号齐，史称北齐，仍都于邺。又改魏尹为清都尹，分邺地置成安县，与邺、临漳三县同治邺城内。临漳县辖城东偏三百乡，邺县辖城西偏五百乡，成安县辖城东北偏二百五十乡[2]。可见东魏北齐时期邺县的辖地广大。

东魏天平二年（535年）高欢因旧邺城窄隘，动员七万六千人在旧城之南营建新宫。元象二年（539年）又动员畿内十万人，拆迁洛阳宫殿材木运于邺，筑城，四十日罢，是为邺南城。以漳水近城，起长堤以防泛滥，又凿渠引漳水周流城郭，造水碾硙，以利于时[3]。次年东魏孝静帝迁居新宫。自始东魏、北齐均以邺南城为都城。

据《邺中记》载，“城东西六里，南北八里六十步”[4]。以西晋尺24厘米计，六里合2 592米，八里六十步合3 542米，周围二十五里。南城南北宽、东西狭，与北城正相反。据明嘉靖《彰德府志》记载，南城有十一门，南垣三门：东曰启夏门，中曰朱明门，西曰厚载门。朱明门“上起楼，势屈曲，随城上下，东西

---

1 《魏书》卷一二《孝静帝纪》，中华书局1974年点校本，第298页。
2 嘉靖《彰德府志》卷八《邺都宫室志》，第13页。
3 《北史》卷五四《高隆之传》，中华书局1974年点校本，第1945页。
4 嘉靖《彰德府志》卷八《邺都宫室志》，第13页。

二十四门，朱柱白壁，碧窗朱户，仰宇飞檐，五色晃耀，独雄于诸门，以为南端之表也”[1]。东垣四门：南曰仁寿门，次曰中阳门，次北曰上春门，北曰昭德门。西垣四门：南曰上秋门，次曰西华门，次北曰乾门，北曰纳义门。北城垣即邺北城南垣，城门即北城诸门。据考古探测，已发现西城门三座，其中两座宽25米左右，中间一门宽40米，西城垣最南一门与东城仁寿门成东西一直线，今有仁寿村当即在仁寿门附近。则西城垣最南门当为上秋门，其北宽40米者为西华门，再北为乾门。西华门之所以宽过其南北二门，疑当通过东西二市[2]。

南城北半部中心为宫殿区，东西四百六十步，南北连后园至北城合九百步。前为止车门，北为宫殿区的正门端门，其北为阊阖门，门内为太极殿，为朝会之所。殿宇十分高大，周围有一百二十根柱，基高九尺，以珉石砌之。门窗以金银为饰，椽栿斗拱均以沉香木为之，椽端后装以金银兽，用胡桃油涂瓦，光辉夺目。太极殿后三十步为朱华门，门内为昭阳殿，为帝王招见后妃及宴集之所。殿有七十二根柱，冬施蜀锦帐，夏施碧油帐，极为奢丽。昭阳殿有东西二阁，东阁有含光殿，西阁有凉风殿。其

1　嘉靖《彰德府志》卷八《邺都宫室志》，第13页。

2　《邺城考古调查和钻探简报》，《中原文物》1983年第4期。

间有长廊相连，香草珍木，布满庭院。昭阳殿后有永巷，巷北有五楼门，门内为后宫帝王嫔妃居处，有宣光、玳瑁、修文、偃武、隆基、建始、嘉福、仁寿、金华、镜、宝诸殿及圣寿堂、玳瑁楼等建筑群。如圣寿堂用玉珂八百具，大小镜两万枚，丁香末抹壁，胡桃油涂瓦，四面垂金铃万余枚，每微风至，则方圆十里响声皆彻。圣寿堂北置门，门上筑玳瑁楼，用金银装饰，悬五色珠帘，白玉钩带，极为奢华。

南城的南半部为民居区。《彰德府志》云："自兴和迁都之后，四民辐辏，里闾阗溢，盖有四百余坊，然皆莫见其名，不获其分布所在。"[1]据王仲荦《北周地理志》考证，见于史传碑志有十余里坊，即永康、允忠、敷教、修正、清风、中坛、修义、信义、德游、东明、嵩宁、征海、宣平行等十三里和土台、义井、元子思、天宫、东夏、石桥六坊，还有东市、西市。一部分官署如大司马府、御史台、尚书省卿寺、司州牧廨、清都郡、京畿府等在端门外街里北部。

城外有离宫，西南漳水之南有北齐修筑的游豫园，周围十二里，周以列馆，大修佛寺，劳役巨万，为帝王射猎之所[2]。城南

1 嘉靖《彰德府志》卷八《邺都宫室志》，第16页。
2 《隋书》卷二四《食货志》，中华书局1973年点校本，第678页。

有齐后主纬修筑的清风园，为御家菜园。齐武成帝高湛还在城南华林园中修起了玄洲苑、仙都苑，其中封土为岳，穿池造海，象征四海五岳，各有殿宇楼阁，不可胜计，极其壮丽奢华。如北岳之飞鸾殿有殿十六间，青石为基，珉石为础，雕琢华丽，金银宝石为饰；北海之密作堂以二十四架大船浮之，堂为三层，层有木人，皆有机器可以活动，“奇巧机妙，自古未有”[1]。

东魏北齐的邺南城的修筑，事先经过严密的规划和精心的设计，参考了洛阳和邺北城的规模，由通直散骑常侍李兴业“披图案记，考定是非，参古杂今，折中为制”[2]，先画了设计图纸，经审批后开始建造的，故城市布局合理，规制整齐，其“规模密于曹魏，奢侈甚于石赵”[3]。

曹魏时代修筑的邺北城在东魏北齐时仍被利用不废。如高欢为丞相时即居于文昌殿旧基东南之中兴寺。齐受魏禅，初称北第，后称北宫，有时也在此理政。宫内有柏堂、东斋、太子宫等新建筑。三台在东魏北齐时更为壮观，《邺中记》曰：“自魏至后赵前燕及东魏北齐，三台每加修整，甚于魏武初造之时”。北齐

---

1 嘉靖《彰德府志》卷八《邺都宫室志》，第21页。

2 《魏书》卷八四《李兴业传》，第1862页。

3 〔明〕顾炎武：《历代宅京记》卷一二《邺下》，中华书局1984年版，第188页。

天保七年（556）发动丁匠三十余万修广三台宫殿，“因其旧基而高博之，大起宫室”。至九年三台修成，改铜雀为金凤、金虎为圣应、冰井为崇光。三台构木高二十七丈（或作三十七丈），两栋相距二百余尺，雄伟壮观。据考古钻探，三台的东面和北面距地表2—3米处有大片东魏北齐的文化层，且有大量文字戳记的黑瓦片及莲花瓦当出土。

东魏天平中在曹魏天井堰基础上，又引漳水为万金渠，又名天平渠[1]，作灌溉及城市供水之用。兴和三年（541年）发动民夫五万人修筑漳滨堰以防漳水泛滥，可能即为曹魏漳渠堰。

北周建德六年（577年）攻下邺城，北齐亡。于是复改司州为相州，清都尹为魏郡。将临漳县自邺城迁至邺东二十里[2]（今县治西南十八里，明洪武十八年迁今治），移成安县于今治。同时下诏将邺城东山、南园、三台拆毁，瓦木等建筑材料悉赐于民，山园之田，各还其主[3]。邺都宫室尚未被破坏，邺仍然是相

1 《魏书》卷一百六上《地形志上》，第2456页。

2 顾燮光《河朔访古随笔》：临漳县，“明洪武十八年漳水坏县城，二十七年知县杨举奏请移县治于理王村，即今县城是也。至旧县在今县西南二十里，距古邺城亦二十余里焉”。顾燮光《河朔访古随笔》卷下，傅璇琮主编：《中国华北文献丛书》第七辑《华北考古文献》第十七卷，总第187册，学苑出版社2012年版，第129页。

3 《周书》卷六《武帝下》，中华书局1971年点校本，第101页。

州、魏郡的治所，还在相州置宫及六府官。胡三省《通鉴》注云：“相、并二州，皆有齐旧宫及省，故仍置宫，若别都然。置六府官，以代省也。”580年相州总管尉迟迥起兵讨杨坚失败，杨坚攻下邺城，下令焚毁邺城宫室及民邑，迁民人及相州、魏郡、邺县于南四十五里的安阳城（今安阳市西南三里），乃名邺县，于邺县故址西五十步置灵芝县，邺为魏郡一属县。据《元和郡县图志》记载，故邺城在邺县东五十步，是邺城被毁后，在故城西五十步另建新治。唐时邺城废址已被辟为耕地，孟郊《早发邺北经古城》诗云“微月东南明，双牛耕古城。但耕古城地，不知古城名”。至北宋熙宁六年（1073）省入临漳县，为邺镇。这个邺镇在三台西北二里（《河朔访古记》《彰德府志》）。清康熙时载邺镇在北城西南，则清初移今治。千年名都被杨坚焚毁后，民居迁空，逐渐衰落，成为一片废墟，隋唐以后之邺县已非故址，至此时竟然连作为一个普通县治的地位也维持不了了。1345年（元至正五年）元人纳贤访问邺都遗迹，登三台眺望，只见邺都遗迹已为一片残丘断陇，问诸山僧野老，才在荒烟野草中，指点故都残迹。三台周围已为“荆榛密狐兔之居，藜藿合鼪鼬之径”（邺城遗址发现元“邺镇金凤台洞清观首创之碑”文）。昔日繁华了无踪迹，令人感慨万千。邺宫遗址久为瓦砾，唯三台残迹尚存。铜雀台周围仅一百六十余步，高五丈，上建有永宁寺；金凤台周围一百四十余步，高三丈，上建洞霄道宫；冰井台北临漳水，周围一百余步，高三丈，为漳水冲啮一角，已崩缺矣。铜雀台砖瓦因紧密而细，后人采来作砚，被视为珍品。苏轼《次韵和子由欲得骊山澄泥砚》有“举世争称邺瓦坚，一枚不换百金颁”诗句。当地人竞争三台砖瓦，村民掘土求之，往往聚众数百人而逾年不得一二者。外界传为铜雀、冰井者，大多为赝品。纳贤为亲临其地，考察邺城遗址的第一个学者，其述可信。

据今人调查考察[1]，邺北城在今临漳县境西南邺镇、三台村、景隆村、显王村一带。城垣在地面已荡然无存，均为漳河泛滥的泥沙所淹埋。邺镇正北 0.25 公里的三台村西侧有当地人传为铜雀台遗址，台基东西约 70 米，南北约 120 米，呈长方形，台基南端高出地面 9.5 米，北端略低，约 8 米余，两三公里外遥望可见。据台前门楼北一小祠旁发现的元代至大三年（1310）“邺镇金凤台洞清观首创之碑”与纳贤《河朔访古记》载，金凤台上建洞霄道宫，此台当为金凤台（金虎台），其高度与记载相合。台基以北有一条高 1.5 米、宽 50 米、长 85 米的夯土残垣，北端又连一台形，高约 3 米余，《河朔访古记》引《邺中记》谓三台各相距六十步，折合晋尺合 86.4 米，与遗迹正合。此高台当为铜

1　俞伟超：《邺城调查记》，《考古》1963 年第 1 期。

雀台，此段残垣当为邺都北城西北端的一段残迹。冰井台已无遗迹可寻，铜雀台仅剩高 3 米的残基。此二台在乾隆以前被南移之漳河所冲毁[1]。今在三台村以东、以南发现不少台基，当为曹魏至东魏北齐时宫殿楼阁屋基。此处还采集有大量砖瓦陶片，有一种为数极多的素面黑瓦，质地厚重而细密坚致，表面光滑莹润，乌黑发亮，当即《邺中记》所谓北齐建邺南城用胡桃油油之的黑瓦。

邺南城在今临漳县境西南马家辛庄、河图村、倪家辛庄、仁寿村一带，城垣在地面上毫无踪迹可寻，全都被埋在地下，经过钻探，西城墙至东城墙为 2 602 米，南北城墙相距 3 454 米，与文献记载基本吻合。钻探出西城门三座，在遗址出土大量东魏北齐瓦当和墓志[2]。

今漳河在邺镇南东流，穿过三台村南、邺北城遗址的南半部。三台村以北有一条东西绵延的大片沙地，当是故漳河遗迹。邺都的毁灭，除了杨坚焚毁的人为因素外，漳河泛滥也是重要的自然因素。漳河易灾，战国时已然，西门豹治邺时可证。汉

1　乾隆《彰德府志》卷四《古迹》，乾隆五十二年刻本，第 10 页。

2　河北省临漳县文物保管所：《邺城考古调查和钻探简报》，《中原文物》1983 年第 4 期。

魏时期漳水经邺县西北，唐时漳水经邺县北五里，又东北流入临漳县境。明初以来漳河南决，“洪熙元年漳滏并溢，决临漳三塚村（疑为三台村）”。正统以后，“漳水遂通于卫”[1]。正德十五年（1520）秋，“水溢南决，自安阳显王村南流，折而东至崔家桥，又东过永和吕村入卫，袤百余里。当水盛时，广四十里。凡安阳上田悉注污潦，其患甚巨”[2]。邺故城一带全被污泽。据清代档案，乾隆元年（1736）临漳县报称该县所属显王村地方为漳河南岸，漳河由临漳流入安阳，阻滞行人。是明代漳河一度南经显王村南，后又多复故道；明时安阳、临漳约以漳河分界，清初漳南显王村一带已改属临漳。乾隆五十九年（1794）漳河从三台村改道夺洹而南，次年换回故道，同年复决，“嗣后旋堵旋溃，至今［道光三年（1823）］，未复故道”，“附近地亩多被水占沙压”[3]。这时漳河才改今状，不仅邺城被沙埋，附近周围一切园林遗址同被湮没。同治十年《临漳县志略备考》：“按漳水二十年一小变，五十年一大改。南徙至洹而止，北徙至滏而止。

---

1 《明史》卷八七《河渠志》漳河条，中华书局1974年点校本，第2130、2131页。

2 嘉靖《彰德府志》卷一《地理志》，第15、16页。

3 水利水电科学研究院水利史研究室编：《清代海河滦河洪涝档案史料》，中华书局1981年版，第64页。

雍正以前，河在城北，雍正以后河在城南。乾隆末漳水入洹，道光年间水又渐北。咸丰初年东注大名，至岔河嘴与卫水合。同治七年又向东北和义庄一带改流，有水则停缓粮漕，无水则照旧起科。”[1] 曹魏石赵时代三台殿瓦烧造细密坚固，邺城被毁后，后世人多用作砚，史称铜雀瓦砚。宋后多为文人珍藏。苏轼《得澄泥砚》诗有“举世争夸邺瓦坚，一枚不换百金颁”句。王安石诗：“吹尽西陵歌舞尘，当时屋瓦始称珍。甄陶往往成今手，尚托声名动世人。”后世人争相寻觅，已极为稀贵。至元代“村民掊土求之，往往聚众数百人，而逾年不得一二全者”[2]。所以后世相州古砚往往是取铜雀台泥所作的陶砚，都是赝品。而故邺城一带地表土大受破坏，也加速了邺城遗址的破坏。今天在邺城遗址还可采集到不少砖瓦、陶片，其中尤多素面黑瓦，刻有文字，多为曹魏、石赵、东魏、北齐时遗物，但大多残缺，稀有全者。

从3世纪初曹操据有冀州起至北齐亡国（204—577年）的373年中，邺做过95年都城，曹魏时做过44年陪都。十六国石

---

1 《临漳县志略备考》卷四《节录安溪李贞公光地治漳议》，《中国方志丛书》华北地方第109号，成文出版社1968年版，第234页。

2 《河朔访古记》卷中，《景印文渊阁四库全书》第593册，台湾商务印书馆1986年版，第41页。

勒时代、北魏时虽未正式定为陪都，但其地位有相似之处。邺的地位如此重要，究竟是什么因素促成的？另外，同样是被杨坚焚毁的建康（今南京市），为什么五代以后能再度兴起为东南一大城市，还做过 129 年首都、223 年陪都，而邺城被毁后的一千多年来至今仍是一片废墟，其原因又何在呢？

历史上一个政权选择它的都城，是从经济、军事、地理等几个条件考虑的。邺处在古代山东（约指函谷关、崤山以东黄河中游下游广大地区）地区的中心。背靠太行山，东南北三面是唐代以前经济最发达的黄淮海平原。地理条件上邺东临太行山东麓南北交通大道上，西对太行八陉之一的滏口陉，是山西高原进入华北平原的要隘，为“自邺西出之要道”[1]。再经过曹操时白沟、利漕渠的修凿，又为黄河下游大平原水运交通的枢纽，故以其经济、地理条件而言，实在长安、洛阳之上。在军事上因地处平原，无险可倚，故以城西北隅旧城为基，作三台，而有人造防御工事的意义。所以历史上凡是控制山东地区而不能奄有整个黄河流域，一般都要定都于此。商人多次迁都，都殷后（邺的前身），竟 273 年不迁。曹操为经营河北平原，由都邺起家，后虽统一了

---

1 〔清〕顾祖禹撰，贺次君、施和金点校：《读史方舆纪要》卷四九《河南四》彰德府武安县条，中华书局 2005 年版，第 2335 页。

黄河流域，仍情愿离开他经营多年的兖州和许，定都于此。曹丕迁都洛阳，那是与他想统一南方有关。十六国后赵、前燕、北魏分裂后的东魏、北齐均定都邺。北魏都平城时，因雁北寒饥，朝议曾一度建都迁都于邺而未果。孝文帝迁洛，途经邺，曾筑宫于邺西，崔光谓“邺城平原千里，漕运四通，有西门、史起旧迹，可以饶富”，孝文则认为“石虎倾于前，慕容灭于后，国富主奢，暴成速败”[1]，不从。实质上其定都洛阳的目的为便于南伐，然寥寥几句也反映了邺城在当时人心目中经济、地理位置之重要。

隋代以后，形势大变。隋唐为统一帝国，当然选择条件更优越的长安、洛阳为都，北宋因东南经济发达，为帝国命脉所系，为便于漕运计，继承五代传统，定都于开封，不可能再考虑河北的邺，更何况唐代的河北平原南部大名兴起，替代了邺的地位，故邺至北宋中叶竟废为镇。元明清三代，大运河开凿，从军事经济角度考虑，以北京为上选。故邺从宋后，不再有复兴的任何机会了。而建康则不然，杨坚毁后，隋唐时只是一个不重要的州治，甚至是一个小县。直至五代杨吴政权偏于东南一隅，长江下游沿岸的南京和扬州为其境内最重要的城市，于扬州建江都府

1 《太平御览》卷一五六《州郡部二》，中华书局1960年版，第758页。

为都城，以建康旧址建立金陵府为西都（次年改江宁府）。而后镇守在江宁府的徐温篡夺了杨吴政权，是为南唐，即以江宁为都城。在这里建过都城的朱元璋、太平天国及国民党政府，均因其势力发轫于长江中下游地区，南京当为最理想的政治中心。故邺与建康虽同毁于杨坚，而其前途命运有此悬殊，盖因历史条件使然。

隋唐以后殷邺地区形势发生很大变化。安阳县在汉初废入荡阴，后四百多年未置县。西晋初年复于今安阳西南三里置安阳县，属魏郡。东魏天平初定都邺，废安阳县入邺，于是殷邺合一。580 年杨坚毁邺，迁相州、魏郡、邺县于南四十里之安阳城，乃名邺县。于邺城故址改置灵芝县。开皇三年（583）魏郡废，以相州治邺。十年改邺为安阳县，徙县于洹水南。又改灵芝县为邺县，安阳、邺县各复旧名。邺县为相州属县。大业初移邺县于故邺城大慈寺，三年（607）改相州为魏郡，十年移安阳于今治。唐武德初又改魏郡为相州，贞观八年（634）始筑小城于故邺城西五十步为邺县治[1]。相州治安阳，邺为属县，此为唐一代的常制。邺、安阳、临漳三县同属相州。自隋大业初开永济渠

1 《旧唐书》卷三九《地理志二》河北道，中华书局 1975 年点校本，第 1491、1492 页。

后，魏州（宋改大名府，建为北京）因紧濒永济渠而水运便利，遂替代了相州，成为河北平原南部的最大都市，而相州安阳仅为一般州治，仅唐初一度置都督府。安史之乱后，广德元年（763）置相卫节度使，治相州，未几［大历元年（766）］即为河北三镇之一的魏博节度使所并。魏博治魏州，五代后唐同光元年（923）改魏州为兴唐府，建号东京，三年改东京为邺都。天成四年（929）罢都。晋天福二年（937）改兴唐府为广晋府，三年复于广晋府建邺都。汉乾祐元年（948）改广晋府为大名府，置邺都不改。后周显德元年（954）罢邺都。可知五代唐、晋、汉三代之都有邺都，为当时陪都之一，然而这个邺都已非魏晋南北朝时的旧邺都，而是唐魏州。宋大名府城，在今河北大名县东旧大名，其所以称邺都，是因为自曹操为魏王都邺以来，魏与邺已被视为异名同义。邺都随魏州已移，而实际上魏州、大名府已替代邺城成为河北平原南部的政治经济中心。

然唐时相州安阳、邺、临漳境内农业尚算发达。北周末邺城被毁，漕渠及城市供水渠道当被废弃，城外引漳灌溉渠道尚存，唯久未修浚，均已失去作用。唐咸亨三年（672）于安阳县西二十里引安阳水（洹水）为高平渠东流，入安阳县东二十里广润陂以溉田，又于邺南五里开金凤渠，次年自邺县至临漳开菊花渠长三十里，又在邺县北三十里开利物渠，自滏阳（今磁县）下入成安县，这三条渠道都从天平渠分水引灌。天井渠系统的水利工程，历经宋元各代几度兴衰，至明中叶大多因漳水泥沙而淤塞，明清时则以漳水泛滥而肥田[1]。但历史背景毕竟不同了，宋时相州属河北路（熙宁六年后属河北西路），熙宁五年（1072）邺县连一个县的地位也保不住了，废为镇并入临漳，一部分土地并入安阳。殷邺地区剩下的就是安阳和临漳二县，而其中心在安阳。金明昌三年（1192）升相州为彰德府，仍属河北西路。元改为彰德路，属中书省。明初复为府，改属河南布政使司。清代因之，仍属河南省，这是安阳历史沿革的一大变化。自汉代以来漳洹河流域始终是河北大政区的一部分，明洪武元年（1368）因自汴梁行在所出兵攻取卫辉、彰德等府，即属治所设在汴梁的中书分省管理，次年改分省为河南等处行中书省，九年改行中书省为河南承宣布政使司，于是由此，彰德府改属河南，至清末不变。

辛亥革命后，1913 年 2 月废彰德府留县。1949 年 8 月划城区及近郊置安阳市，而安阳县迁治水冶镇（今安阳县西南）。1954 年 6 月返治安阳。1960 年 8 月裁安阳县入安阳市。1961 年 10 月

---

1 清代还利用洹河下游进行航运，今安阳市区至内黄县楚旺镇 1923—1937 年的 15 年间，洹河的航运得到空前发展。王幼侨编：《续安阳县志》卷六《交通志》，北平文岚簃古宋印书局 1933 年版，第 3 页。

复置安阳县。1958 年 12 月裁临漳县，并入磁县，1961 年 7 月析磁县复置县，仍驻临漳（城关镇）。1949 年 8 月，析安阳、临漳县二县漳河以南区域置邺县，驻崇义集。1952 年邺县迁至白壁集。1954 年并入安阳县。1949 年 8 月划河南、山东、河北三省衔接地区置平原省。1952 年撤销，临漳属河北，安阳、邺县属河南，于是两县分属两省，结束了安阳、临漳合属一个政区的历史。

作为历史上最早的古都，安阳和临漳至今保留了许多名胜古迹。商代历史的博物馆——殷墟已举世闻名，三台虽仅存残丘断垣，但人们至此往往会发思古之幽情，凭吊六朝时中原的兴衰。其他如西门豹祠、造型独特的文峰塔、名相韩琦的画锦堂、雄伟壮丽的赵王府、风景优美的袁寨（袁林、袁坟、袁府），都是令人流连忘返的去处。如果追溯安阳地区早期人类活动的踪迹，则小南海、后冈遗址，足使人们感叹中原文化的悠久。因此，1986 年被国务院命名为全国第二批“历史文化名城”之一，是当之无愧的。

解放前的安阳，是一座残破的古城。清末民初，安阳已开始有一些现代工业如纺纱、织布及食品加工业等，但至解放前夕发展不快。文化建设方面民国元年后也设置了师范学校二所、中学三所、小学十余所。中华人民共和国成立以后，安阳工业获得了很大发展，煤炭、钢铁、机械、纺织、化学、电力、建筑、轻工、食品等兴起，使安阳成为豫北的工业基地。但城市建设方面，如街道、住房、污染处理等生活设施以及名胜古迹的复修都还不能适应人民生活和文化发展的需要。党的十一届三中全会以后，随着改革开放政策的贯彻实施，城市建设取得了可喜的成绩，居民住宅的开发和改造，商业网点的配置，邮电、银行、车站、交通道路等人民生活须臾不能离开的一些建筑的兴建，名胜古迹的修复，使安阳这座历史上的古都，重新焕发出新的光彩。

邹逸麟先生遗著两种

附　录

古黄河道考察日记
（1977年6月3日—1977年7月9日）

邹振环　整理

一、古黄河道调查日记（一）

6月3日（周五）

晨六时三十五分抵郑。八时抵黄委招待所，遇安德澜，先（按）【安】排住宿，住东楼31室（四人一室），尚可。发二电给谭、王[1]。招待所伙食尚可，食绿豆芽，此物上海稀有。下

1　谭指谭其骧先生，王指王文楚先生。谭其骧（1911—1992），字季龙，浙江嘉善人。日记中称“谭”或“谭先生”，1930年毕业于暨南大学历史社会学系，1932年获燕京大学研究院硕士学位，1980年当选为中国科学院院士。主编《中国历史地图集》，著有《长水集》《长水集续编》等。王文楚（1933—　），浙江南浔人，1956年毕业于复旦大学历史系，后任职于复旦大学。《中国历史地图集》主要编审者，从事图集编稿及修订长达三十多年。著有《古代交通地理丛考》《史地丛稿》等。

午去地理所陈代光[1]处联系，待谭来后一起去【考察】。四时余回所，恰逢刘家峡水电站某君，下放自水科所，问及林观海[2]，谓住黄委会，晚饭后访林，甚瘦，云年初胃出血，在家养病已半年，十多【年】来折腾，甚为感叹。谈至九时余，回室宿。

6月4日（周六）

上午去黄委会资料室殷文斌同志接待，要我们先去水文组了解情况。我们抄了1768—1968年历年最大洪水资料。又至规划组，崔家骏同志接待。有四大册从故宫博物馆抄出的1736（乾隆元年）至1911年黄河水情资料，准备抄录。

---

1 陈代光（1936—1998），广西浦北人。1960年毕业于中山大学历史学系，后分配到中国科学院河南分院社会科学部从事历史地理研究。1961年转入河南省科学院地理研究所工作，1985年8月调离地理所赴暨南大学历史学系工作。

2 林观海（1940—　），福建省泉州市人。1965年毕业于复旦大学历史地理专业。曾任水利水电科学研究院水利史研究室编辑。时任水利部黄河水利委员会黄河志总编辑室副主任、《黄河史志资料》主编。编著有《黄河水利史述要》《李仪祉水利论著选集》，负责黄河文化丛书《黄河史》卷的编写工作。

6月5日（周日）

上午抄资料。下午去紫荆山公园散步。晚于花园口路饭店食回族包子三枚、馄饨一碗归。谭来电明日到。

6月6日（周一）

晨六时三刻于车站接谭到。八时余河南所陈代光、盛福尧[1]来访。约明天去河南所。上午继续讨论行程路线问题，先走郑州、中牟之间，后走河北，再回郑州，后回上海。

兰考发现古河道,【有】桅杆的发现。

下午去河南博物馆。登封发掘夏朝遗址，正在发掘。城内商代遗址隔日再看。

6月7日（周二）

上午八时陈代光派吉普来接去河南所，盛老和陈二人接待，读5万、10万图，描几幅有关地点。中午在所里吃饭，四菜招待，仅算三角一人。下午继续看图，约定9日去花园口、广武山考察。

---

1 盛福尧（1920—1991),“文革”前毕业于江西工学院（现南昌大学),曾任职于永修县科委副主任、河南省科学院地理研究所，20世纪七八十年代在电机厂、电扇厂、县锁厂等工业企业工作。著有《河南省豫北地区各县市历史旱涝年表》《河南历史气候研究》等。

6月8日（周三）

上午和谭去规划组借阅资料。去政治处要《治黄新史编》油印稿。九时余，谭、王二人换至楼下9室。下午抄资料。

6月9日（周四）

上午由盛老陪同乘地理所吉普去鸿沟，九时至邙山提灌站，参观片刻，去鸿沟看楚汉二王城。沿途问讯而去，路甚崎岖，近十一时至广武山下。楚王城俗称霸王城，位于荥阳县广武公社霸王城大队。城在山顶上，南城垣残迹尚存，断续二三百公尺，最高约二米余，低处一米左右，为夯土所筑。土中有蚌贝之类。除南城垣，西北角亦有一块尚存。中间流水所冲，山北已濒大河。原在山北尚有大片滩地，唐宋元河阴县皆在山北，后为河水冲塌，正溜紧濒山根。汉王城在霸王城西约四五百米处，中间为一深沟，宽约有四五百米，深沟中有一更深者，盖即古之广武涧也，按形势似不可对语，应有传话也。

汉王城未到，从楚王城看去，亦存南城垣残迹片段，较楚王城留剩更少。

据山下农民云，山上曾发现过铜箭头，盖楚汉之争时所留（图1）。

中午1时半由盛老作东，在水上饭店广州酒家吃饭。饭后去花园口参观。五时余回招待所。

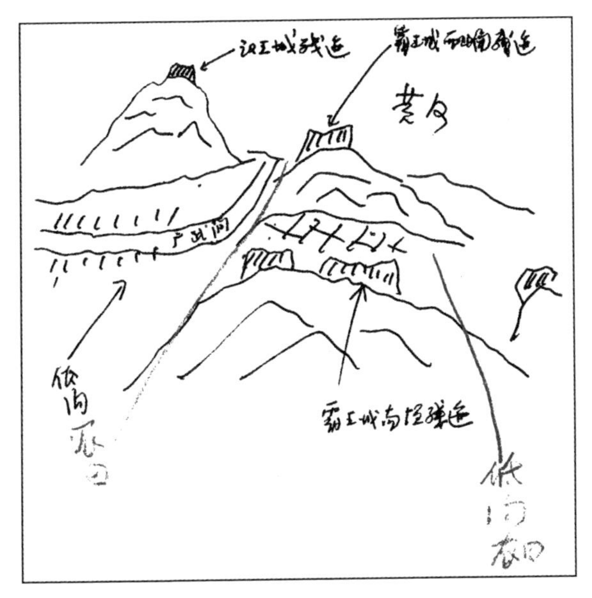

图1

6月10日（周五）

晨八时余，陈代光陪同去古荥公社，古荥公社为原荥泽县，解放前撤销，属广武县。今旧城墙尚存，范围很大（图2）。古荥公社西南三里有纪公庙，据《水经注》(仍)【乃】汉初纪（胜）【信】冢。然郦注纪信冢在古荥阳北三里，而古荥阳在荥泽（古荥）西南十七里，里数不合，今疑纪公庙有迁移。纪公庙今在一小学内，所谓纪公冢仍在，是三米多高土墱，冢前尚存石碑多块，多已倾倒，有陵户所刻碑二块。另有历代石碑多块，最早的有大定壬辰春三月十八日“西汉纪将军庙”碑，云：南京留同奉国□石列公因按部河防过荥泽，留诗祠下：西汉纪将军：白刃千重会，奇谋无计逃；蒙恩应泰岳，视死如鸿毛；抱义欺强虏，焚身脱汉高；论功谁第一，回首谢萧曹。（嵌于墙内）

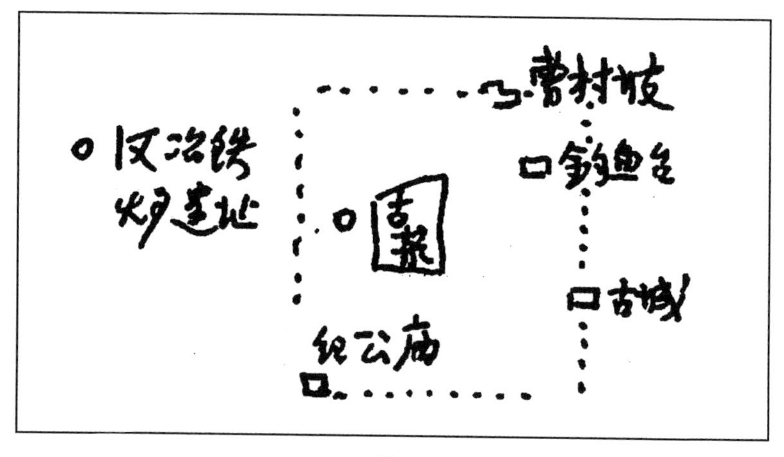

图2

另有正统八年，“荥泽忠烈侯庙记”，云：“郑州荥泽西有汉荥阳旧城，距城西□一里。”据河南博物馆云：西有汉代冶铁遗址，规模很大，有大铁范出土，在古荥公社外公路旁。当离汉荥阳故址不远。另有嘉靖乙酉（1525）、万历丙申（1596）、雍正三年（1725）、嘉庆十四年（1809）、同治九年（1870），民国陈立夫、于右任、程潜等人碑刻在纪公庙村中。还有周苛庙，据《水经注》在索水南，不在一处，疑古今迁移。周苛庙今为民屋，屋前有碑二块已倾倒，一为康熙二十年，一为乾隆四十二年。

十一时余去广武公社，饭。一时一刻去汜水，住高村公社，看到荥阳地区地形图。知从广武山（今云邙山）头京广线西起，至牛口峪（至)【止】皆为土冈，从牛口峪、池沟一带为一缺口。隋时通济渠引水口板渚城约在此处，自池沟以西至汜水镇一带皆土冈无法引水，至汜水口又为一缺口。今广武山南枯河，大约是隋代通济渠的一段。

汽车至汜水镇东，二边山地，中间一通道，亦可看出形势之险要，成皋今不存。据干部云：过去汜水有五门，东门、大西、小西、北门、南门。东城门即成皋关。从汜水西行二里余即汜水河，河上有桥，甚狭，仅二十公尺左右，桥下大部为泥滩，河墙仅半尺不到，细细涓流。岸旁土地种芦苇，古时河床当较宽。近日节节拦水灌溉，下游淤浅。过桥约一里余，公路旁有一碑“虎牢关，雍正三年立”。碑旁一小学，据小学中老年人云，公路为一通道，路旁南北山头峡峙，旧时山头上尚有所谓吕布城，已不存。原在碑旁尚有建筑，后拆毁造民屋，仅存一碑。本意照碑一相，小学生围观过多，仅照关口大路一相即罢。七时（于)【余】入市内，由谭请客吃饭，回招待所休息。

6月11日（周六）

上午接家中一信。去黄委会会王汤泉、徐福（临）【龄】[1]，王还百元。下午于博物馆，由郝本性[2]、杨某某陪同，观商代遗址（故城及宫殿遗址）。晚陈淮、郝本性来访，请谭阅新郑兵器档。决定星期一去安阳。

6月12日（周日）

上午去买车票，明日（13）上午10点40分（48次广—北京）去安阳。九时吃饭，午睡。十二时工作，看黄委会资料。下午工作至四时饭。陈代光、盛福尧来访，谓大枣已办好，四十斤，托运不便，需开证明才可托运。由地理所代开证明，请人代办。晚郝本性、李京华[3]来访。

---

1 徐福龄（1912—2015），浙江湖州人。早年毕业于河南水利专科学校，从事治河事业几十年，后担任黄河防洪顾问一职。著有《长河人生》（黄河水利出版社2010年版）等。

2 郝本性（1936— ），辽宁海城人。1956年考入北京大学历史系，1965年北京大学考古专业商周考古研究生毕业。1968年到河南省博物馆所属河南省文物工作队工作，长期从事考古与陈列展览，曾主持郑韩故城的发掘。主编《新中国出土墓志》河南第一分册、《隋唐五代墓志汇编（河南卷）》及《中国青铜器全集》等。

3 李京华（1925—2019），河南栾川人，大专学历。曾任河南省文化局文物工作队发掘组长，河南省文物研究所研究室主任。

6 月 13 日（周一）

上午十时四十分火车去安阳，下午一时十四分达安阳站，抵安阳地委（连）【联】系。住地委第一招待所。住房甚高级，二人一室，有大小卫生。宣传部老杨来访，谓明日参观市内古迹及汤阴遗址。

6 月 14 日（周（四）【二】）

上午八时余去参观市内文峰塔。原名天宁寺，今除塔外别无其他古建筑存在。清乾隆三十七年彰德府知府王某重修天宁寺，于塔上立“文峰耸秀”匾额，清代以后俗名文峰塔。

据方志云：创建于五代后周广顺五年（952），梁思成 50 年代曾来过，他认为是元代的塔。1964 年重修时曾查过文献资料，不见于其他文献，只知明成化五年、嘉靖十九年都曾重修，规模不小。有人认为塔顶是喇嘛塔形（如北京白塔），大约是在元时上层曾破坏，当时不加增修，即加一塔顶亦未可知。塔呈八角形，五层，顶为喇嘛塔顶。上有一平台可容二百人，砖木合制，下层上部有砖刻佛像，极为可观，手工精美。1964 年大修后为省级重点保护文物（图 3）。

又参观安阳市博物馆，原为袁世凯墓，今已被红卫兵捣毁，仅存墓基及残阙，窃国大盗死后下场。毕后又去殷墟小屯村，在

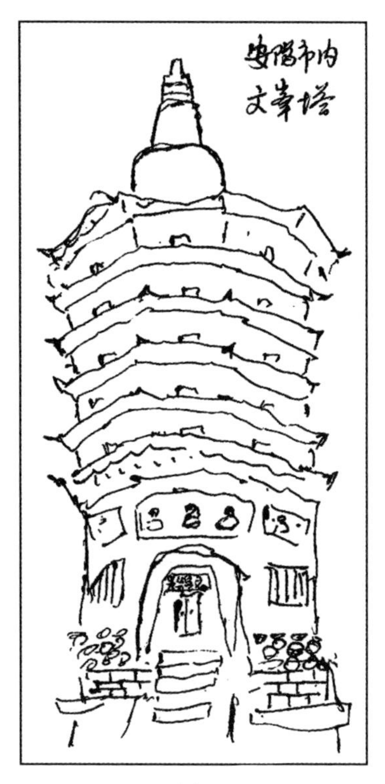

图3

城西几里许，汽车仅十余分钟。殷墟最深墓底十三米，今小屯附近六米下即见水，可见地下水位抬高。参观了陈列室。

下午三时余去汤阴参观汤阴东北龙山文化遗址及西周墓地。在汤阴东北白家营、胡营之间，遗址为一村落，圆形房基，有门户及柱子遗址，中有烧火圆迹，较西安半坡更明显，房屋亦大，为一自然村落，出土文物亦多。龙山文化以上即西周墓葬，中间无其他文化，可能是龙山以后这里无人住过，从西周—北朝都为墓葬地，故破坏极小。此处遗址很值得保留。

路过洹水。在汤阴北，宽约二十米，水北有羑里城，在一土阜上，据云有一中学在，因时间匆促未下车一观。

6月15日（周（四）【三】）

上午本欲去浚县，因老王腹泻，宣传部老杨来说下午去浚县。下午三时开车，四时十三分至县委，安排在县委招待所，二人一室，极简陋。

晚九时余浚县文化馆卢荫棠来谈。

枋头城有二遗址：一为新石器时代遗址，一为汉代遗址。曹操下大枋木处已不可寻，枋头城在今后枋城北不足一里，地势较高，有陶片出土。

淇门即今淇门镇，在卫河南岸，淇口在北岸。淇门南面有坡洼地，有新石器时代遗址，名凤凰台遗址，古淇水入河口应在今淇门镇南双鹤头（入河），明末清初在此处刨出大条石很多。可能即曹操下大枋头处。

新镇在双鹤头十五里，古宿胥口应在新镇东约三里，黄河故道在今卫河南，今新镇南东有黄河古堤，为汉时黄河北堤。

白寺村即在白寺山上，近年刨石已渐平，无显著山头。

钜桥东，同山西，北至大八角、枣林，连续有一条地下河，地下五六米处即河卵石，可能即古荥水，共产主义渠之东长丰渠挖时，地面上是淤泥，下为流沙，边挖边塌，有4—5米深，明时仍为一片洼地，今天仍比较洼，当地称为洼地，可能即禹河故道。共产主义渠及长丰渠，都为排涝作用。因这里地势低洼，可见古代为地下河。

十里铺西南二三里有榆柳村（南榆柳）地势较高，可能【为】古顿丘县（汉代），《水经注》白沟此处有一河湾，即躲此高地。

浚县北前军寨是一片高地，可能是古牵城。发现冶铁遗址。

硝河可能是唐代决口所造成。据嘉庆八年县志，宋代大伾山、凤凰、紫金山，河分二股，北流后分二股，一股东，一股北，后北股断流，浚县城西卫河新道是1958年开，地面下4—5米处发现宋瓷及屋顶瓦片，应是宋代浚城。同山东十八里壅城在白寺山南偏东，有夯土，面积五【平方】公里，为高地。

小河镇东北（瓮）【壅】城附近有大型战国墓，出土大批铜器。

浚、滑间大河一般高于地面。道口、滑县之间八里地。

滑县北有二里阳堤，西有向古城，有汉代陶片，可能是汉代城，城东有碑云“向古城”。

钜桥东北王下（务）【雾】有新石器时代遗址。

6月16日（周（五）【四】）

上午由县委宣传部长杨、卢荫棠及另一工作同志陪同，去大伾山。大伾山一名青坛山，进山门有石坊，匾额云：青坛紫府，为道家胜地。我们是出城东门，从山西坡上，山顶有八卦楼（一名太极宫），高二十五公尺。另有吕祖洞、阳明书院等古迹，从山顶眺望紫金山、凤凰二山（图4）。

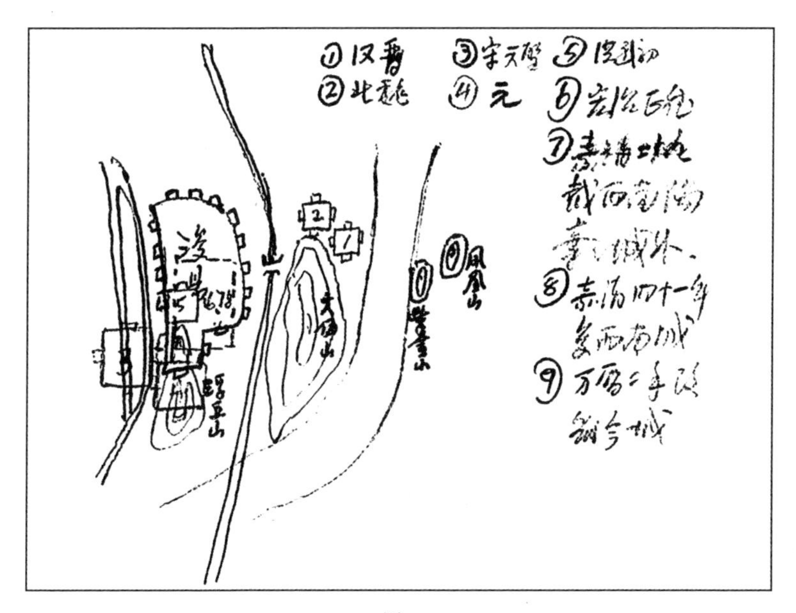

图4

紫金山宋名居山，据《纪要》载，在浚县东五里大伾之东，凤凰又在紫金之东，宋名汶子山。今二山皆为居民刨石制石灰，已刨平，仅存低丘，大伾山远眺历历可见，山崖石刻甚多。有宋政和年间为最早，碑文另见。

山南端山腰间有天齐庙（又名“东岳庙”），遗留有元至顺四年重修碑记，今偶然发现庙外基址有一块金明昌五年刻石，明嘉靖时修志已不知此庙建于金前（碑文另见），此碑发现仍据庙内居住一民妇指引。

从山顶东瞰山下，一片平原如带，今已为整齐民田，紫金、凤凰远峙山下。

山上碑文、摩崖石刻甚多，多为瞻仰弥勒佛、龙穴洞二地，金前多在此俯瞰大河胜迹。有大伾伟观亭，谭先生照相。

下午游浮丘山，碧霞元君庙。今为浚县博物馆，匾为卢荫棠书。归时至其家小逗，书法甚美。

金石：唐陇西尹公浮图铭并序，出八角镇

真武庙

鲁元翰再观龙穴元祐七月廿一日

政和三年夏六月辛酉冯宗师，刘大年，赵庞，刘极。

会于大伾，颠俯大河，怀禹功慨然。

二、古黄河考察记（二）

6月17日（周五）

上午在浚县革委会看《浚县志》。下午由卢荫棠及老郭同志陪同乘吉普出东门，经西河道、东河道，东行即上古河堤，大小高村皆在河堤上。又东过九股路，又东南，经酸枣庙南至颜良墓，今在已为一大坑，下有砖围似井。又东北经西王楼、东王楼，路经一片沙地，东北行南韩庄。正东一片沙地，在某一沙丘上为浚县、滑县、内黄三县交界地，四周皆沙、沙丘累累（据云浚县东北前咀头、后咀头、屯里、下高村、曲河、了堤头、康李村、店上、贾村、东白毛皆有古堤一道，疑即唐宋大河北堤）。酸枣庙南一片坡地，南接滑县境，即古白马陂，昔时雨季一片洼地，今开排涝沟后，不常积水。从康李村向北经临河（古临河里）至西海头又有古堤一道。又据南韩庄大队书记云：1969年在韩庄东北约半里地一机井中，在地下22米处挖出船板，在上述古堤与今图滑县境内旧滑县开经白道口南、四间房南一道古堤，为唐宋黄河南北堤。但二堤间大高村、迎阳铺（宋迎阳埽）一线上又有一堤。

今临河东有帝喾陵、颛顼陵，已被沙淹没，为唐宋时物（《元和志》《寰宇记》有载）。西海头出土汉砖；石佛铺北齐造像；康李村有北魏造像碑；临河、田王庄、海头多汉墓，有画像石；齐小砦也有汉画像石。大八角小八角二三米深地下有北魏造像碑，唐代经幢。

浚县城不大，以鼓楼为中心南北东西四条街，城内建筑甚破旧。

6 月 18 日（周六）

上午达教委招待所，下午座谈会，李。

滑县今已被黄河所圮，白马坡为沼泽地，原甚荒凉，芦苇丛生，有硝碱，1966 年以后改变面貌。白马津应在白马坡西北角。天台山在旧滑县城西关，路北有一大高台土堆（约十多米），上有关帝庙，1958 年平整土地时拉平。

狗脊山，城西北角，跨城里城外皆有，生枸杞子。可以看出遗址，西北东南向。

卫王城（楚丘）在八里营公社东北角，今名卫南坡（一大片）。卫南应为一点，出土一魏碑，出土铁剑，出土战国青铜壶。

白马山、县、关，与卫王殿应是一地，（水利局长）地下挖下去无淤积层，古时应为一高地。

白马墙，清人（仍）【认】为即古白马县。

韦城在万古公社西妹村，原有城隍庙，出土碑，方志上说明时有人迁至韦城。

灵河县城在今临河（零河，宋时决河于此），在今滑县南四十里。

子路墓在淮阳城北。

韦王殿地土下二米处出土战国物。

留固公社付村大队1976年在地下五米见唐代石幢顶，石幢高七尺。

八里营韦王殿南铁炉村发现冶铁遗址，战国时。

今有灵河，疑即古灵河县。

沙店南向东有一道堤，约金元大河。

旧滑县西关挖出埽料。

南关外发现宋房基，屋顶离今地下二三米，在明朝城墙下。

须城可能是凉城，过去有故城遗址。韦城镇，金明昌年间县圮于水，废为韦城镇，省入白马县，韦城古迹在县东南五十里之妹子村。

浚、滑县大河一般高于地面。

6月19日（周日）

由滑县文化馆李永康、文教局等同志、水利崔局长陪同去参观。

狗脊山在旧滑州城西北角，与城相连，和堤岸也连为一体。今断续残存，仅高地面三米，为近年来已挖平，天台山在旧滑州城西，比狗脊山还要低。旧滑城西北角有土城墙残迹，连绵百余公尺，据谓是宋代城墙，道口滑县之间八里地。

自浚县南走，近道口镇，在公路穿过一古城，据云为向古城，面积很大。

东过待营，向北一片盐渎土，村落树草皆少，低洼地一片，向北为白马坡，估计古白马坡南边较今为大。白马坡南沿有大刘营北铁枪寺遗址，今无存。据谓五代王彦章驻此。有明隆庆四年立碑，欧阳修撰文（查欧文集）。据云有龙山文化陶片出土，为省保单位（称大刘营文化遗址）。此寺在一高坡上，是白马坡周围最高点，今仍较低地高五米，古时肯定更高。疑为白马山。

铁枪寺不远王庄有十二眼井，龙王庙里康熙五十二年、乾隆十六年碑谓“滑县城北三十五里王家庄”（康熙），“昔滑之北，号白马津”（乾）。十二眼井今存七眼，方口，大小不一，当地群众说地下互通，有石羊，为王彦章避军处。

过了王家庄向东，有金堤，连绵不断，甚显著。堤顶一般高于地面四五米，一直到范县。虽历代人刨天蚀，当已削低，堤内河床与堤顶差不远，可见已为地上河。

有曹村广济桥。方志云：曹村原为漕村，有渠为漕渠，后无水，故改漕为曹。在一枯河上，恐即明代徐（贞略）【有贞】所开广济渠上之桥。据云原有崇祯年间重修桥碑记，今已无存。县图有须城，非是。

铁炉村出土铁炉，何时代物还需考证。地下二尺左右出土三个铁炉，有不少碎铁块。

卫王殿，为卫国都，为一土丘，周围约数里。挖柳青渠时，1968 年挖出很多陶片及博具，为古卫南县。

南离卫王殿五里有冢丘，上层出土汉墓陶片，下层为龙山文化。冢传云惠子墓。此冢高出平地七八米。

据云滑县东南三十余里徐固营，当地人说过去有古城，出土陶片，与《水经注》核对，应为须城。

今旧滑县东南四十里零河，即古灵昌县、灵河县。

晚八时，滑县宣传部请看河南梆子《朝阳沟》。

6 月 20 日（周一）

上午 10 时至濮阳（图 5），住县委一招。

下午文化馆宋立凯找师范二老师座谈。王老师：西汉大河遗址尚有，河身有沙，城西南向东北，有前黄宾、后黄宾，即古河滨，经戚城，铁丘，据传说今濮阳境南堤为南堤。〔自注：大河

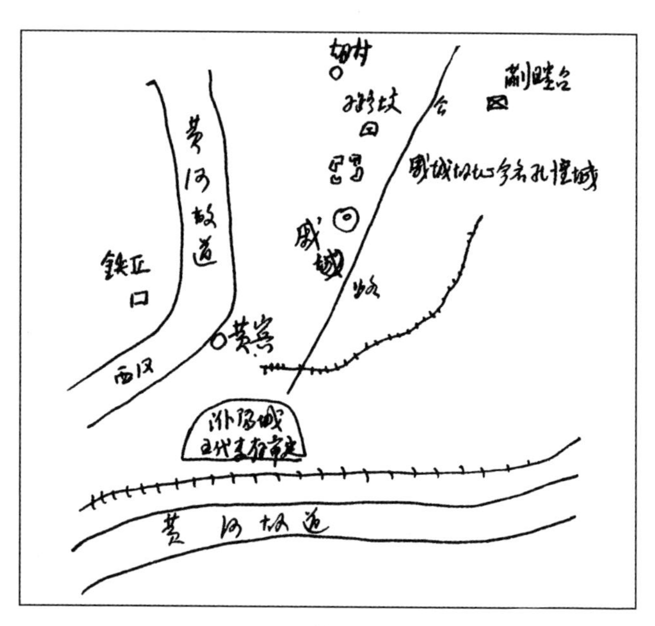

图5

故道在戚城西二里〕

咸城在今濮阳南，有故城遗址，在梁庄西北咸城，土质破不塌，打井不砌砖。

“紧沙，慢淤，澄清碱”——当地老百姓对濮阳受河水冲决的地方土壤变化的形容。

清丰县东南瓦屋头公社南卫城。

竿城，今濮阳东北李干城，胡、杨、王竿城（今属孟轲公社）。

铁丘在戚城西，今濮阳城西北（属王助公社）。

宣防宫在刘堤口西南，焦二砦西黑龙潭边上。濮阳县志说在西南二十五里，当地人说是宣防宫。

在焦二砦南湾子出土汉墓群，是个高台，群众云凤凰台，地下有汉墓，下还有墓。

澶渊一说在黑龙潭，一说在今城南坡（三里店北）。在县西南五里城南坡（又名“澶渊城”）挖金堤河时，发现宋代大寺院碑。今地面下四五米。1958年挖。

五星公社于北和四丈（米）深，发现王莽钱。

三里店因距故县三里而名。

西八里庄西北一地名城角地，疑即德胜南城。濮阳城北有东王合、庞王合、胡王合等村，约古王莽河所经而得名。

濮阳东南十八里“中国集”（应作东郭集），一说传云为帝丘（志云）。

昌湖有三昌湖，近古大河。娄昌湖、杨昌湖、宗昌湖、黄昌湖，为古商胡【埽】。

濮阳文化宫，“儒法斗争”和“濮阳治黄发展史”。

宋靖康以前，黄河自滑县境东流经澶州（今濮阳县，濮阳旧址在今濮阳西南二十五里故县村）城南一里（即今濮阳县南门外，当时金堤即宋代黄河南堤，南城墙即黄河北堤）。《开封志》至清河店（改称清河头）之西，东北经临河县故城，转而西北过田村（今古干城公社）等庄，又转而东北委折五十余里至孙固城入清丰县界，汇入潴龙河……此东汉以后之大河。

熙宁十年秋复有澶州曹村之大决。今濮阳县西南。

六塔（今清丰县东南三十五里六塔村）。

梁村（今清丰县东南）。

晚八时文化馆请看《大平洞八一风景》。

6月21日（周二）

继续座谈。

清河头公社西前田丈，当地云德清城。濮阳旧城东门云德清门。

濮阳城内旧传云为古河身，在城内发现桅杆，距北城墙（二十多年前）很近。在城里最近又发现在高处地面（下）三米下，距低洼处约一米多下发现了很多木板，像房子，还有椽、陶罐、陶碗。

古戚城故址残存部分最高处为8.3米，最厚处16.5米，基本上呈方形，中部略偏东北有古水井。城内西部在二年前也发现古井。绳纹小砖为汉代物。民国《濮阳县志》，据旧州志：龙渊宫在州南别驾里（新习公社东北西别驾北一里后河）。

6 月 22 日（周三）

上午八时由文化馆宋立凯、师范王子南、某中苏某、廖某（新华书店）去城南访古（谭先生因腹泻未去）。南出城即见一高地，为旧城墙。今为公路，向西折西南，濮阳旧时城墙残存最高处有 8 米，周 60 里，宋时所筑。西南经别驾，西有一大片低洼地，由别驾往西南，地势微有起伏。新习公社以南地势高低不平。

又西南，至焦二砦西南有一大片洼地，为黑龙潭，潭下挖深二树梢深处仍是沙。焦二砦内水苦，砦外水不苦，地下无法打井，皆为流井。今已挖河排水，故尚无水，否则雨季积水一大片。我们看到有的地方才长了大片芦苇。黑龙潭此边上有土山咀，当地人称大王庙，传说为武帝沉璧处，西南还有一土咀，传说宣房宫处，土山咀东西似过去连成一带，山崖有静水痕迹。

又南经湾子一带金堤，与文献记载不合，不像是汉堤。

故县村今为一大队，遗址荡然无存，据说在村西口挖金堤河时挖出古物。西八里庄西北为城角地，过去个体经济时称自种之地为城角地，今为一农场，为古时澶州南城。宋时南北澶州夹河而城，黄河经其中，今金堤河应在古黄河中（图 6）。

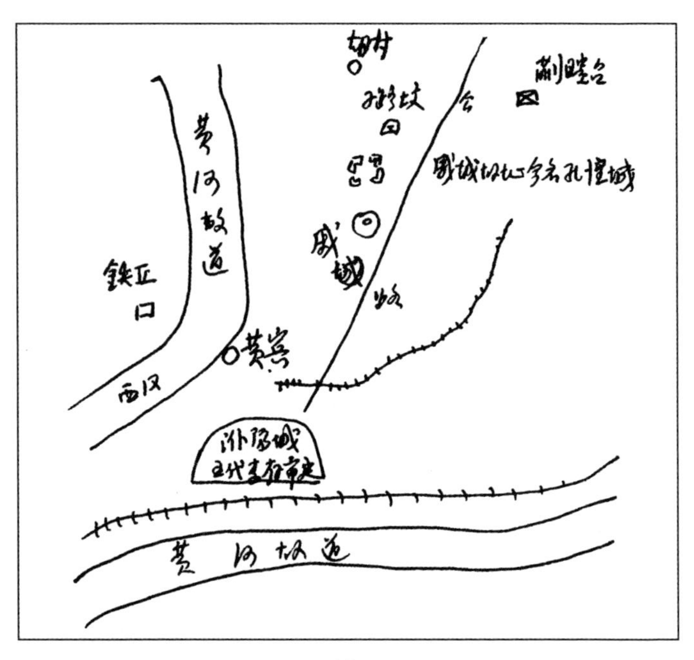

图6

下午向北城去，又看戚城。先看（荆）【蒯】聩台，为一高二三米之土堆，今一半已被划入石油指挥部。多汉墓，墓道已露地面，汉墓砖甚多，地上可随便拾取，如不发掘，不久当即破坏。在公路之东。公路之西即子路墓。据云60年代尚完好，上有杉柏荫天，今石碑、祭台、牌坊皆破坏，无甚可看。向南至戚城，东西北三面城墙尚（无）【完】整，剖面可看出，春秋战国城墙外汉时加筑。城内遍地陶片，有龙山、周代、汉代等，城东墙外，不远有二土台（一已破坏），不知何物，当地人误称孔悝城。由戚城折西至铁丘，今稍高出附近地面，因耕种已扒平。地面上陶片遍地皆是，有人挖二土坑，地下文化层（灰土层）保存明显，农民以灰土作肥料。据云当地民居曾挖出大批人骨，当为古战场，应向上报告保护，地下当为文化宝库。铁丘西地稍低洼，久已耕种，土皆沙，据《水经注》，即西汉大河也。

晚宣传部长王宴请，饮濮阳状元红，微醺。

6 月 23 日（周四）

晨八时半离濮阳，10 时一刻抵大名，住县招待所。下午四时由文化馆主持开座谈会。

据说上马头是当时一个黄河渡口，指宋黄河。在金滩镇北的南堤、北堤村，据说是黄河大堤，今尚有遗迹。在龙王庙东有小湖，可能是在黄河里的，是当时的漩涡，水一直不干，形成一小湖。

沙麓山在大名县东石家寨，沙冈起伏，有土山，有庙著名，此庙以西即黄河故道（石家寨在黄河故道东边），西面是娘娘庙，在黄河故道西岸上。

唐宋旧大名府城，今图上是东门口、南门口、北门口，铁窗口（西门）大街为旧十字街，今旧城墙断续痕迹尚存，周四十八里。城里有五礼碑（宋），石碑是唐代给魏博节度使的碑，柳公权写。此石从大伾山运来，十二米多高。

城内五七中学藏有在张铁集公社后寺庄在北洋时代挖出五代晋时一石碑，地下一米多（天福六年）。

沙麓山在北沙庙、南沙庙中间，相隔二十余里，在旧大名城东南孙甘店村东头，有城隍庙。

大名县，宋政和移大名于南乐镇，即今大名县南旧治，称北乐。孔思集，今为三小村：潘仓、豆腐营和纸坊，今大名县南、旧治此，卫河经其地。今大名城北门口北有唐魏博节度使的墓，此处有一大批唐墓，待挖（在万家堤北）。

6 月 24 日（周五）

金滩镇即小滩镇，今卫河东堤，即古代黄河西堤，金滩镇即在堤上。金滩镇堤与聊城鼓楼一样高，卫河如在金滩附近决口，一夜即到聊城。

黄河故道有的低于地面，有的高于地面，形成起伏的沙丘。金滩镇一块高，其余即低于地面。

下午本云有车，后无。结果购明日汽车票去邯郸。

6 月 25 日（周六）

晨 6:30 去邯郸，9:00 至。去地委介绍住招待所，四人一室。

下午文化局周局长[1]来访，晚请观剧。豫剧《李双双》，戏演得相当不错。

6月26日（周日）

上午水利局干部来座谈，1965年在曲周、广宗一带发现在古漳河上发现大船。

今年在大名东黄河故道比地面洼地，疏浚挖作排水渠，河床上面都是沙，相当宽，有几十里路。

成安东南三十华里李家町有大沙滩，过去谓漳水所决，还有大沙坑。邱县东二十里有一大片沙滩，为古漳河所经（今名老沙河）。今疏浚，预备排水。

邯郸市区七八米以下为战国和汉代的地面。

邺城，今漳河南，附有铁瓦殿，明清时物。解放时已耕地至窗户，可见自明清以来地面淤高二米多。

南邺城（北齐时）城墙在地下一米多。

---

1 周局长，指周鸿俊（1935— ），出生于河南省开封市，1956年河南大学中文系毕业，留校任教八年。之后历任开封地区文化局局长、河南电影制片厂厂长、河南省文化厅副厅长，兼任河南省文联主席团成员。著有剧本《包公误》《闫家滩》《县委书记》《穆杨会》《青蛇传》《呼延庆打擂》等。

1976年磁县东南、北开河村东（滏阳河东），在漳河故道上发现元代木船六条，船上烧印“彰德分省粮船”，船上有四五人尸，在船上船舱中。

【邺城】三台最南的一台金凤台高地十几米，其他都与地面平。南邺台挖天平渠，下六七米深皆文化层。有的三四米以下即生土。

北邺城东北角上有个庙。

元朝滏阳河和漳河会合应在南、北开河村东南，三里河北，北柴屯西，县河营屯附近。

附近有回漳等地名，皆漳河故道。

邺县，隋唐迁杜村，后迁理王店。

利漕渠西首应在肥乡境，东首在馆陶境。

志云：嘉靖年间《广平府志》说还能看到列人遗址。

平恩故城，今曲周东南城门公社。

利漕渠从肥乡前元固开始经河西大堡、后固寨至南阳堡（馆陶西）。

县志载禹贡大河在临漳县宋陶公社，地形上不可能。

今大名县是汉大河，地面上已为耕地，下面15、20、25米不曾为大沙带，自南向北，经馆陶以北，地表上也可看出沙带，但可能还有后代漳河河沙盖在上面。

古代漳河估计河床有五六米宽，《成安县志》说黄河曾到过漳河店。

今卫河以东黄河故道为宋大河，今为低于地二侧地面的洼地。一大沙带，宽处有十多公里，狭处四五公里；二岸无明显堤岸，仅自然沙堤。

临漳铁道东新石器时代遗址仅东西太平庄一处（离邺镇很近），邺镇下一二米处都【是】砖瓦。

河城即岳城；牛首水即今沁河；拘涧水即今渚河；梁期城【即】商城公社。

今成安县境内有斥丘侯墓（县志），未发掘。

《邯郸地区平原古河道及其与水利建设的关系》(一文摘录)

据《水经注》及府县志水文地质查浅层淡水分布及地形条件分析其流经地点：由魏县回隆附近入境，向北经魏县北皋，至院堡南折而向东，再经魏县城关，于安张庄附近折而向北，经大名王村集，广平南寺郎固、平固店、曲周侯村、邱县旧城，从马头折向西北，于古城营附近入邢台地区境。

602BC 后大河，自魏县大严屯向东北，经魏县紫岗、边马，大名县的未城、北门口、王乍村，至馆陶县徐万仓，沿现今卫运河北流。

下午自由活动，去丛台一游，又去理发。

6月27日（周一）

上午马忠理[1]来，谓天雨不能去邺城。我们匆促乘9时41分火车去新乡，下午1时25分抵新乡。至地委招待所，下午全体开大会，无人接待。自去地委第二招待所住下。室暗，四人挤在一处。被褥甚脏，其味不堪入鼻。

夜十时眠。

6月28日（周二）

上午八时谭去地委，由办公室转至文化局。此处刚成立新乡地区博物馆。仅一间小房间，工作人员仅二人。对当地文物考古不甚了了，无话多谈。即转水利局。于水利局遇设计科高某，常州人，颇支持，出示延津、封丘水利图数张，并赠新乡地区地图一张。同意借车明日去延津县考察古黄河道。下午再去看地图资料，并将其【相】关材料转绘至所赠图上。

今卫河南有一大片沙带，北岸是一条陡坡，南为洼地，南岸是沙堤，南北皆修渠道排涝入洼，当为古代汉唐黄河。从新乡、

1　马忠理（1935—　），1964年毕业于北京大学历史系考古专业，后留校工作。1970年到邯郸从事文物考古工作。合作主编有《观台磁州窑址》《邺城暨北朝研究》。

汲县一条公路是在今称古阳堤上，当为汉唐大河北堤，大河河床解放前已为排涝沟。

今胙城（延津县北）起经魏邱、黄德集、西柳园一道堤为金堤，约为明时太行堤。

汉至金正大前，东燕胙城在今大庞固，延津县东北，延津县西北之西、东、南古垟为正大后之胙城。

石婆固有庙存在。

黑洋山今为一大片沙丘之一。荆隆口旁有一小村，顺河街伸入河滩，荆隆口有大沙坑，解放后淤平 2/3。清河集北也有大沙坑，都是古代决口形成。南大宫北有大水坑，作沉沙地，挖口时发现一条船，可能是堵口时下沉。

6 月 29 日（周三）

上午九时去延津水利局，十时余到。局刘工程师座谈延津境内古黄河道及古堤。

延津境内有黄河堤数道：①古阳堤。当为汉唐黄河北堤。大沙河为河槽洼地，滩面比河槽高 1.5—2 米。河槽又高出古堤外地面。②大行堤。滩面比河槽高 1—1.5 米。滩地肥，排水条件好，多耕种。临河洼地则多盐碱土。河床内土壤沙质。古阳堤上滩地多为高产地。

土山今已无山，仅一小村。东西古垟元遗址为临河洼地盐碱。大沙河洼地比滩地低二米。西段南岸地下有抛石护岸。

中午在延津县招待所吃饭，水利局作东，有张弓大曲、蛋松、甜百合等菜。

下午驱车出北门，北行经石婆固下停。相传为古酸枣县，但文献无征，有石婆阁，今为一楼阁，内有一枯酸枣树。楼顶一窗口内伸出一树杈，楼壁上石刻“唐尉迟敬德挂鞭处”。楼内壁上有万历二十三年石刻，1966 年重修碑刻。

过石婆阁北行，沙丘连绵，当为古黄河河床或决口处，东北行，折西北，见太行堤，断续连绵，皆沙堤，高十米左右，至王堤公社出一太行堤口，如城门，折西行，经不少沙丘，至十八里屯西南，吴起城。登一沙丘，为吴起城北城门，今无建筑，遍地碑砖瓦瓷片，拾宋瓷不少，丘南为一片耕地。耕地为一大片明沙丘（上无植被），据云为城南门，据《纪要》载约为金时延津迁治，后为沙所圮。照相数张，沿原路归。至胙城公社休息。公社以北京啤酒、特产苹果待客。谓胙城县在北，亦为沙埋，尚露城墙残垣，因交通不便未去。途中过大沙河南自然堤，登上，见大沙河一洼地内大片连绵沙丘，高者海拔 90 米，而当地为海拔 65 米左右，高出地面 20 余米，战国至北宋大河沙深可见。

七时余回延津晚饭，九时回新乡，宿。

60 年前延津土地 90% 为盐碱，经改良，今 15%—16% 主要靠挖井抽水，减低地下水位，目前存在为老盐碱地，次生盐碱基本消灭。

6 月 30 日（周四）

上午 10 点 54 分车离新乡，【下午】1:15 抵郑州，误点 20 余分。出站至黄委招待所，住下。谭、王二人去黄委会，赵[1]与余至河南所致谢，还草帽。陈代光谓红枣已寄出，甚是感谢！坐半小时，回所。河南所甚为客气，派车送至所，并由盛、陈、阎等陪同回所。

夜甚热，不能眠。

7 月 1 日（周五）

上午去黄委会资料室看 1/5 万图资料，下午购票，去开封。寄掉三包文件至学校，至土产商店，购扇一把。5 时余回黄委会

1　赵永复（1932—　），上海人。中山大学毕业，后任职于复旦大学。长期从事《中国历史地图集》编绘、修订工作及中国历史地理研究。著述有《水经注通检今释》《鹤和集》等多种。

资料室读图。晚上陈代光、王汤泉来访，谓明日开万人大会批唐岐山[1]等。

7月2日（周六）

上午9:18分开车去开封，11:30达。出站驱摩托三轮车抵地革会，住地委招待所，三人一室，条件尚可。一天一元饭，伙食亦可。晚上三人合购开封西瓜一颗，0.15元一斤，价贵，味淡。大失所望，十一时眠。

7月3日（周日）

上午谭、赵、余八时出门去龙亭、铁塔、相国寺一游。园地荒芜，不善经营，兴趣不大。午睡至四时，上街买研棒一支（0.13元）。开封市街较七五年来时整洁繁荣，商品亦颇可观。两年前来时鼓楼尚存，今已拆除。晚饭后上街购（干）【擀】面棍一根（0.12元）。

---

1 唐岐山（1931—1988），河南开封人，曾用名唐玉山，1956年加入中国共产党。“文革”中任郑州市委书记、河南省委常委，中共第九届、十届中央委员（任职至“文革”结束）。因“文革”中犯有罪行，1978年1月被撤销党内外一切职务，开除党籍，1979年12月被判处无期徒刑。

7月4日（周一）

上午九时半开封地区修防处单发、侯润北。开封地区河床高于两地（米）4—5米，堤高10多米，柳园口河底比开封最低龙亭后面最低洼处高11米。巩县口河滩一直在崩塌，本来宽广，站在滩地上能看温县城。本来主溜靠北，河滩上有公路从郑州至洛阳，五十年代来一直在塌，今已塌至山根。当地居民要求护山，1972、1973年后搞了些工程，山根基本巩固。

开封河段南岸平地比北岸高，滩地上大片农田，一般要求一年一麦。

兰考修防段（原开封处）对黄陂冈作过调查，可写信去问。

夹河滩近年大为塌滩。

上午座谈收获甚微。

下午二时半开封市修防处【与】边志刚、李中山座谈。李中山曾写《开封治黄发展史》，赠一册，并座谈。

黄河概况：

开封城702BC，郑庄公开拓封域，定名开封。

今开封城北的北堤，即黄河的南堤。

从1194年至今，开封市（包括开封县，陈留及中牟县部分地区）决口121次。1194年改道后，河离开封40里，今离20里，河道宽五公里，今北堤即古南堤。

历史大改道：

洪武二十四年，黑洋山决，经城北五里，今河道还可看出。正统十三年，孙家渡口决，改道经开封城南。天顺五年淹了开封城，水落后经开封城北十里。弘治六年刘大夏治河，基本即今河道。

a. 七次淹开封；b. 26次中三次在开封城决口改道，二次经过开封城。

① 1194年，明昌五年。

② 1286年，至元二十三年十月十八日决口十五处。

③ 1391年，洪武二十四【年】。

④ 永乐十四年七月十三日。

⑤ 正统十三年孙家渡口。

水淹七次：

① 1234年，太宗六年寸金淀（今柳园口，即今和尚庄）在今城北二十里，人工扒开，淹了开封城。

② 洪武二十年（1387）六月决开封，自安远门（今北门）入，淹没官民廨舍。

③ 建文元年（1399）河决开封，从封丘门入，城内水不枯。

④ 永乐八年，河决开封，摧毁开封城二百余丈。

⑤ 天顺五年（1461），武陟决口，自原阳入开封。七月初四入开封土城，初六冲入砖城，城中水深丈余。

⑥ 崇祯十五年（1642），朱家寨（今朱庄）老石堂堤外朱庄、马家口（浪城岗）。

⑦ 道光二十一年，水围开封八个月，后从南门入。水决三十一堡（今张湾）。

今城东北五里有铁牛村，铁牛尚存。洪武二十四年决口，距城五里。查今铁牛村故道，后 50 多年中，决 20 多次。正统十一年（1446）于谦挡铁犀镇河。但二年后，十三年即决口。1642 年（崇祯十五年）李自成四月十三日围开封，九月十五日朱家寨扒口，后扒马家口，水入城，仅存钟鼓楼顶、铁塔顶、王府屋脊露出，全淹，三十七万八千人，只存三万人。今之城为清代所筑在旧城墙上。午朝门石狮子被沙淹没，铁塔原来在山上，下有莲花盆（塔基），全被沙淹。

开封附近古代决口地点：开封大黄寺，即今扫街；高门坝即今城西，即今固门村；埽头，即今扫街；刘兽医口，即今杨桥村（浪城岗东）；槐圪垱岗，今付寨东侧；时和驿渡（开封东北）小马圈；蕉桥，今郭楼村附近蕉街；董溢口；陶家店，今马头一带；单家口，即单寨；瓦子坡，今中牟瓦坡。

铁塔原在夷山上；土街，东四门为一山，西门大街（新街口）为一山。龙亭前二石狮子即宋代东西，崇祯十五年被沙淹，后挖出。清佛寺即今黑岗口东北，在河中；黑岗口险工 6 公里长（主溜靠河为险工），柳园口为四公里四,二处修引黄闸口。从马头—小马圈为村所修。柳园口险工大堤，1842 年后林则徐所筑。黑岗口，明代开始。1975 年汛后，黑岗口河槽平均高 80.63 米，比龙亭地面高 9.95 米，比相国寺地面高 8.89 米。龙亭平台高 12 米，枯水位 80.46 米，洪水位 85 米，南岸坑顶 88 米。

文化馆宣传站王义沙：5 时半座谈结束，派吉普由李中山陪同观柳园渡口，摄影三：①从 42 坝望下游 43 坝；②向西望 40 坝；③ 42 坝下黄河枯水时边滩。

成化十八年，大水年；乾隆二十六年，大水年；嘉庆二十四年、道光二十三年、58 年大水。但 1855 年溯源侵蚀高滩不上水；73 年淤了一米多，高滩也上水。过去 20 000 流量不上，现在 5 000 流量上水，可见 58 年后河槽淤高。

开封某学校中空防空洞地下三四米发现明屋顶，张君墓附近一米多下发现木板。

晚，文教局崔耕[1]、井鸿钧（博物馆）来访。

三、古黄河考察记（三）

7月5日（周二）

上午至开封市博物馆开座谈会。

开封相国寺前是汴河，今仅存一街名胭脂河街，传谓汴河故道。黄河对开封影响最大为崇祯十五年、道光二十一年。

《守汴日志》说崇祯十五年时东西大街没上水。

① 今保存繁塔，宋代建筑。今仍在土山台上，可见未淹，台级尚存。

---

1 崔耕（1924—2017），河南巩县人，1947年参加工作，历任小学教师、校长和巩县文化馆干事，1953年到郑州行政公署文教科工作，1955年任职于开封郑州行政公署文教科。1977年任开封文化局文物科科长，后任郑州市文化局社会文化科科长。发现了早于"仰韶文化"2000多年的"裴李岗文化"遗址。编写《裴李岗文化遗址的发现与发掘》报告，编著有《裴李岗文化》《裴李岗文化遗址的发现与发掘》《河南开封地区新石器时代遗址调查》《密县汉画像砖艺术》《嵩洛访古》《云锦长吟》等多种。

② 铁塔原在小山上，还有底座在地下，可能埋了二丈多。

③ 延庆观，至少是元代建筑，六面三层，门口淹了一半。原来的门在今门下一米五六，还有台级，也可能埋了二米多，以上保存了宋元遗物。

道光二十一年洪水围城四五个月，有一书是当时人日记（此书在开封师院图书馆），作者常茂徕，《水灾记略》，拔贡，县教谕，记录当时守城情况。这次西北郊最吃紧，是主溜，今仍有大片沙地。北城墙给沙淹平（上次去铁塔也看到）。今城内挖防空洞，二三米以下见清代地基。东郊化肥厂地下三米挖出一石人，石人头顶距地三米，人一米余高，为明代物。西门城墙边上有杨氏家庙（今天）地下八米发现腊台。

今城为道光二十三年【建】，护城堤也是清代修。

今铁犀为于谦所制，距今城东北三华里。

朱仙镇宋时不定发达，发达始于明时，大约经崇祯十五年，道光二十一、二十三等年，贾鲁河淤浅，镇衰落，移重点于周口。徐府街传云徐达府，后为关帝庙。

十时半谈毕。参观开封博物馆，收藏碑不多。原属河南省博物馆，迁郑后，留下归开封馆，碑皆属邙山土山墓志，有泉男生碑，共一千余块。

看毕又去看延庆观，今属某鞋厂内，在外观望一下，往内因无证明不同意，观外表奇特。

7月6日（周三）

上午十一时二十六分车去徐州，下午八时余到。先到地革委，经值班人员介绍至一招住下。房间很热，楼上又无水，生活十分不便，谭一夜未安眠。

7月7日（周四）

上午换住所，至淮海饭店，在淮海路上。下午至城建局，在市委转介绍信，正逢大雨，30毫米。废黄河在二坝处向北分出大沙河，流入微山湖。二坝至徐州72公里，中泓一般无水，滩地窝于堤外约六七米，河床一般几十公尺至一百公尺。这72公里，二堤间490平方公里土地，汛期积水对徐州威胁很大。坡度万分之一。1949、1963年都在徐州城内决口。城在淮海路高坡马路即废黄河老堤。这72公里堤距在5公里左右，不但堤内滩地已耕，中泓河槽也种上一季小麦。1964年徐州市区内四米下发现古代街面，有石板条，可能是天启四年下埋酒坛、石磨、马（磴）【镫】、盔甲。

徐州地区仅《徐州府志》可寻靳辅工程遗址，城东南很近废黄河道中，李庄以东，解放后72年浚河发现石头、铁锚，群众称老石坎。废黄河堤顶39—40米，旧城区32.7米左右，33米算高，废黄河槽34.5米。

废黄河上老桥，桥基在32米以上，旧堤已破坏，最高保存堤顶在43米以上。

徐州城周围黄河堤，古代有石条护堤，深至四米以下。

刘（容）【墉】(石庵)，在任知府。黄河河底比奎河高4米。

徐州市区最窄黄河80米至100多米。

徐州以西废黄河内尚由虎山腰分洪，由闸河入睢，向北由大孤山分洪，下不牢河入运河。

沿九里山北沿有洼地（可能古河）。

萧县地面低，苏皖高差明显。

7月8日（周五）

上午去城建局，逢大雨。城建局无车，上午回宿处。下午仍无车，由市政科长王庆义陪同去云龙山。山在城南，乘公共汽车去。1952年主席到此，后花二十万修葺，山顶有兴化寺，有北魏时大头佛，今用水泥。两方石刻，“文化大革命”初破坏。有茶室，幽雅，为游览胜地，山顶可览城内故黄河道、烈士纪念碑，留相二张。六时余回淮海饭店。

7月9日（周六）

上午去地区水利局，得专区地图一张。工程科范工程师接待，其云：二坝大沙河一支为1853〔自注：应1851〕年蟠龙集（在河西）在二坝之西决口，从大沙河到昭阳湖，1854年堵口失败。徐州市内有七桥，通过100流量，宽150米。徐州地区堤距最宽十公里。河槽最宽1 000多米，废黄河各段利用不同，兰考、商丘引黄灌淤，虞城、宿县、曹县蓄洪灌溉，砀山在黄河上种李。

整理附言：

谭其骧先生不仅非常重视传世文献，也重视考古资料和实地调查。1977年6月5日，66岁的谭其骧不顾接连外出的劳累和日渐严重的高血压，率领邹逸麟、王文楚、赵永复在郑州、荥阳、安阳、浚县、滑县、濮阳、大名、邯郸、新乡、延津、开封、徐州作调查考察，7月10日才回到上海[1]。史念海先生对谭先生实地考察的成就有着很高的评价："先生为使历史地理之学能有更多的发展，复不辞辛苦，亲临各地，实地考察。云贵高原

1　参见葛剑雄：《悠悠长水：谭其骧后传》，华东师范大学出版社2000年版，第197页。

之上，黑水白山之间，壶口大伾之侧，洞庭云梦之滨，无不遍印屐痕。老当益壮，令人钦慕。”[1]

1978年谭先生不幸中风。1977年黄河古道考察成为他平生最后一次实地探访考察，意义非凡。笔者确信谭先生日记中应有更为详细的记述，可惜此一时期的谭先生日记目前尚未面世。因此，邹逸麟先生关于此次考察的日记，对于见证谭先生一行对黄河古道的考察，了解这批历史地理学者如何增加了各自对黄河变迁的感性认识，有着重要的学术意义。

在邹先生女儿提供的众多邹逸麟手稿日记中，整理者发现有一本黄河古道考察日记。该日记记载在长17.5厘米、宽12.5厘米的一小笔记本上。由于那一时代笔记本之珍贵，因此这本小小的笔记本里密密麻麻地记有三种日记和大量读书笔记。前有1975年10月22日至11月9日的《河南行日记》，中间夹杂了1976年11月23日至12月6日在西安召开《中国自然地理·历史自然地理篇》审稿会议的《西安行日记三则》；而1977年6月3日—7月9日黄河古道调查日记（一）(二）(三），是邹逸麟先生自己以小标题作划分的，并亲自题写了“黄河古道考察记”或“古黄河考察记”，在原稿中前后排列顺序是（三）(二）(一）。

1　史念海：《致谭季龙先生书》，《中国历史地理论丛》1990年第3期。

对黄河、运河与历史时期环境变迁的研究，是邹逸麟个人学术研究的重点与成就所在。他从文献的字里行间找出相关信息，通过实地考察制作黄河决口、溢出、改道的年表，以及一份历朝历代黄河流经地点的年表，系统梳理了魏晋以后黄河河道千年的变迁过程，并将此绘制在不同时期的历史地图上，这是长年累月的硬功夫、苦功夫磨出来的“活”。1977年邹逸麟先生42岁，日记中是大量的实地考察内容，是学术思想毛坯的记述，但细致比对，会发现他之后所写的《黄河下游河道变迁及其影响概述》(《复旦学报·历史地理专辑》1980年12月)、《历史时期黄河流域水稻生产的地域分布和环境制约》(《复旦学报》1985年4月第2期)、《东汉以后黄河下游出现长期安流局面问题的再认识》(《人民黄河》1989年3月第2期)、《千古黄河》(香港中华书局1990年版)等，多少都反映了他对黄河下游河道变迁所作的实地调查，对其黄河变迁规律及其造成的影响之认识，所产生的升华。这一段考察黄河古道的经历，在其《邹逸麟口述历史》所附录的“邹逸麟年表”中亦未提及，因此，此段日记的记述，对于将来重编“年表”也有重要的资料价值。

(原载《历史地理研究》2021年第2期)

1975年河南行日记

邹振环　整理

10 月 22 日

中午十二时〇三分抵郑州，出站乘六路公共汽车，只二站至铁路局，向西赴地理所。途中遇阎占元[1]同志去车站取自行车回，由他引至地理所，遇陈代光[2]同志。下午在地理所宿，晚饭至盛福尧先生家吃，因食堂无人不开饭。决定明日上午去科委、黄委，几天后回地理所同去开封。

1　阎占元，时任职于河南省科学院地理研究所。

2　陈代光（1936—1998），广西浦北县人。1960 年毕业于中山大学历史学系，后分配到中国科学院河南分院社会科学部从事历史地理研究。1961 年转入河南省地理研究所工作，1985 年 8 月调离地理所，赴暨南大学历史学系工作。著有《广州城市发展史》等。

10 月 23 日

早饭在阎占元家吃，上午去科委转介绍信。又去黄委连系，政治部宣传处处长胡某会见，谈了些工作，甚为支持。安德澜已去青海、陕甘；贾江选去沁河调查历史上治黄工程。下午在黄委资料室看书，藏古书不多，《豫河三志》都有，可一读。上午办手续过程全由陈代光陪同，至感。黄委招待所很不错，二人一间，然伙食很差。天气已冷，明日上午资料室政治学习不开放，准备去市场一游。

10 月 24 日

上午去省图书馆看了一些旧杂志，如《水利月刊》，下午在资料室看《豫河三志》。晚胡之增副处长来谈一些情况。

10 月 25 日

上午去黄河展览馆参观。历史资料极少，主要讲今黄河中游水土保持及下游治理情况。下午阅读 1952 年董、项两位调查报告，做摘录。晚看电影《巴布什克历险记》。

10 月 26 日

上午去二七纪念塔（十四）后参观。中午去地理所陈代光家，一定要吃饭，四时回招待所，途中在车站吃饭。

10 月 27 日

上午去水利局找涂向前，看资料，没有什么东西。下午在黄委会资料室看《李仪祉先生遗集》[1]。

10 月 28 日

上午黄委会宣传处开座谈会，有宣传处两位同志，河务处一位，盛福尧亦参加。下午黄委会派车去花园口参观，由花园口河务处同志陪同。花园口现有放淤工程，甚为可观。

10 月 29 日

上午去水利局还书。花园口市场走一圈，无红枣花生，仅有鸡、蛋及郑州郊区大米出售。又看了河南省博物馆最近出土文物展览，无甚重要文物，仅含嘉仓出土文物，使余较注意。

1　李仪祉（1882—1938），陕西省蒲城县人，著名水利学家和教育家，中国现代水利建设的先驱，主张治理黄河要上中下游并重，防洪、航运、灌溉和水电兼顾，改变了几千年来单纯着眼于黄河下游的治水思想。

10 月 30 日

晨 9 时 18 分车（348）偕同盛老、代光同往开封，11 时半到开封。中午盛老请客吃开封小笼包子，食者甚多，排队一时余，菜包到，一笼十五只，0.66 元，甚贵。其味远不及上海生煎也，然此处已为上品。饭后至开封师院，住招待所，地理系黄河资料亦不多，只有几篇总理、李德生[1]、王化云[2]在治黄会议上讲话记录，外界不易看到。其他一些黄委会编印的一般资料。

10 月 31 日

全日阅地理系资料。

11 月 1 日

上午去图书馆看地方志，正巧二位黄河水利学校的教师在看

---

1 李德生（1916—2011），河南省新县人。1930 年 2 月参加革命工作。1955 年被授予少将军衔，1988 年被授予上将军衔。中国共产党第十届中央政治局常委、中央委员会副主席。

2 王化云（1908—1992），清末直隶省（今河北省）邯郸市馆陶县人。1935 年毕业于北京大学法律系，曾任冠县县长、鲁西行署和冀鲁豫行署处长。1946 年起在中国共产党解放区任冀鲁豫区黄河水利委员会主任。1949 至 1982 年任水利部黄河水利委员会主任。1979 至 1982 年任水利部副部长。

资料，他们准备编写治黄简史，其中一位是山大中文系55届毕业生，李湘，二十年不见，面熟得很，“人生无处不相逢”。师院图书馆有些我校没有的顺、康、雍正、乾时代的河南方志。下午全校大会，不开放。去铁塔公园一游。铁塔在开封城北，近黄河，公园中土地盐碱严重，树草极少，此地距离郑州不远，然绿地远不如郑州，一则盖地方上注意不够，二则恐土地渍化之故也。

铁塔建于北宋皇祐元年（1047）距今已有928年，高三十层，据云因开封城为屡次黄河泥沙所淤，已埋下二层，塔由棕色琉璃瓦建立，多塑佛像，远观呈铁锈色，故称铁塔，塔南有大铁钟一只，不知何年月之物。钟南有一亭，南藏铜大佛一座，高8.14公尺，重约十二吨，□金甚华丽，胸前有卍字，盖如来也。亭门已锁，仅能窥于玻璃窗之外，亭上石壁刻有某施主之题词于约抗日时期。铁塔南约一百公尺处建一电视塔，高于铁塔，真可谓古今对照也。四时余回招待所。晚陈代光来访，约明日星期日八时半在鼓楼碰面，共游相国寺。

11月2日

上午九时与陈代光遇于鼓楼前，共去买四日去南京车票。接着游相国寺，正遇盛老，同赴展览会。相国寺建于北齐，唐时睿宗作相王曾先居此，改登位，即为相国寺。宋钦宗〔时为〕繁华之地，《水浒》《东京梦华录》可窥其一斑。相国寺内有宋代遗物展览，有永城县汴河故道上发现的铁锚。明末崇祯十五年大水入城，全城淹没，相国寺亦被毁，今建筑乃清乾隆时重修。内有千手观音佛，是用一棵大的银杏树雕成，甚为壮观。出相国寺又去禹王台，因师旷曾在此吹乐，又名“吹台”，皆乾隆时的建筑，今已房屋倾斜，墙壁剥落，十分凋敝，虽在星期日，游人极少。

中午在鼓楼前开封饭店吃饭，由我做东，三元余，菜肴不佳，一黄鱼贵达二元。饭时乞丐围桌，箸刚放下，群乞丐争剩菜餐肴，真是大倒胃口。下午去龙亭，清乾隆时在明朝周王府的煤山上行筑，形势雄伟，正值清代盛世气象。三时半回师院，发家信一封。

11 月 3 日

上午在师院图书馆看封丘、归德方志，下午在招待所看书。

11 月 4 日

上午在招待所看书，下午休息。晚六时十八分车去南京，路上补上卧票。

11 月 5 日

凌晨四时十一分达宁，在车站坐等至五时半，在车站旁饭店吃面，六时至南大门口。八时安排好住所，在招待所，下午休息，因学校今天学习。

11 月 6 日

上午阅资料，中午等洁文[1]未来。下午去游玄武湖，公园甚多，游人不少。

11 月 7 日

上午阅资料，下午五时洁文到，在这里吃饭。

11 月 8 日

上午与洁文、张小玲游玄武湖，中午在鼓楼前复兴园吃饭，费 2.10 元；下午休息。晚去吴智宣[2]家，约明日中午饭，代为全票改时。

---

1 洁文（1956—2022），又作洁雯，邹逸麟长女，时在安徽农村插队务农。

2 吴智宣，邹逸麟生父续弦之弟。时在南京百货公司工作。

11月9日

上午10时半至吴家，午饭菜肴丰精，甚为客气。洁文、张小玲皆乘机一饱也。一时告别赴车站，下午二时四十六分开车，晚七时四十余分抵沪。

图书在版编目(CIP)数据

邹逸麟先生遗著两种/邹逸麟著;杨伟兵,段伟整理. —上海:复旦大学出版社,2023.6
ISBN 978-7-309-16711-5

Ⅰ.①邹… Ⅱ.①邹… ②杨… ③段… Ⅲ.①历史地理-研究-安阳②黄河-研究
Ⅳ.①K926.13②K928.42

中国国家版本馆 CIP 数据核字(2023)第 027025 号

邹逸麟先生遗著两种
邹逸麟 著 杨伟兵 段 伟 整理
责任编辑/史立丽

复旦大学出版社有限公司出版发行
上海市国权路 579 号 邮编:200433
网址:fupnet@fudanpress.com http://www.fudanpress.com
门市零售:86-21-65102580 团体订购:86-21-65104505
出版部电话:86-21-65642845
上海盛通时代印刷有限公司

开本 890×1240 1/32 印张 6.625 字数 118 千
2023 年 6 月第 1 版
2023 年 6 月第 1 版第 1 次印刷

ISBN 978-7-309-16711-5/K·808
定价:58.00 元